JN111123

希望へのあゆみ

―あすはの会の30年―

社会福祉法人
あすはの会　編

花（小室文子）

理　念

1　利用者一人一人の自己実現

　　あすはの会は、福祉サービスとしての住居、余暇、就労、相談といった様々な支えを用意し、利用者一人ひとりに寄り添い、様々な経験を通し、地域の中で自分らしくいきいきとした生活が送れることを願い、この実現に努めます。

2　職員一人一人の自己実現

　　あすはの会は、職員一人ひとりが、利用者支援の仕事を通して、さまざまなことに挑戦し、利用者とともに成長し、さらに夢を持っていける職員になってほしいと願い、この実現に努めます。

法人本部・防災棟（福生市）

福生学園・福生あらたま寮（福生市）

福生第二学園（武蔵村山市）

子ども発達プラザ　ホエール（昭島市）

みしょう（昭島市保健福祉センター内）

あいあい（昭島市環境コミュニケーションセンター内）

ハーモニーむらやま（武蔵村山市）

仲　間

網代一法

お父さんと　お母さんと　　　　どうして　なんだろう
お姉ちゃんと　私は　仲間　　　　私が　一生懸命
　　　　　　　　　　　　　　　　生きているから

いつも考え合っているから　　　　　　　　なんだって
遠くにいても　好きなんだ

家族（青木　弘）

春の心

　　　　　網代一法

町から　やっと春がやって来た　　　悲しいときも
桜並木の上から　　　　　　　　　　苦しいときも
風が　ドーと　流れる　　　　　　　いつも笑っている
「頑張れるかな」じゃなくて　　　　　　　　心
「変わる」「変わらない」
じゃなくて

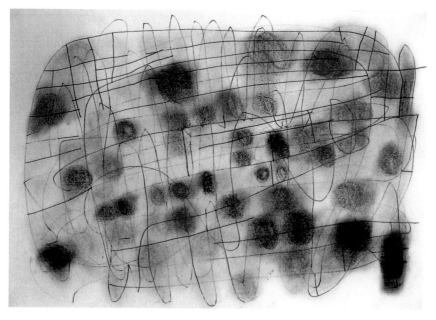

花壇（小室文子）

30周年を迎えて

社会福祉法人あすはの会

理事長　米山岳廣

　あすはの会は1994（平成6）年3月に社会福祉法人としての認可を得ることができました。このあすはの会は障害児をお持ちの荒川地区と多摩地区の保護者の皆様が協力して作りあげた社会福祉法人であります。

　保護者の皆様の親亡き後も子どもたちが安心して過ごすことのできる施設を作りたいといった、ひたむきな思いと熱意ある行動によって生まれた社会福祉法人であり、施設であって、それは保護者にとって一筋の希望の光となったことと思われます。この保護者の思いと熱意はあすはの会の理念「利用者一人一人の自己実現と職員一人一人の自己実現」と支援の実践にも反映されていると言っても過言ではありません。

　法人設立から2024（令和6）年3月で30年を迎えます。これまでの歴史を振り返り、現実をみつめ、未来への展望を拓くために30年誌として「希望へのあゆみ―あすはの会の30年―」を刊行することに致しました。

　出版にあたり、あすはの会が事業展開をし、日頃からご指導とご協力をいただいている昭島市長臼井伸介様、福生市長加藤育夫様、武蔵村山市長山﨑泰大様よりお祝辞を寄せていただいたことに心より御礼申し上げます。また、あすはの会の後援会長としていつもご支援をいただいている石川彌八郎様（石川酒造社長）からもお祝辞をいただきましたことに深く感謝申し上げます。

祝　辞

昭島市長　臼井伸介

　社会福祉法人あすはの会が法人設立30周年を迎えられましたこと、心よりお慶び申し上げます。

　社会福祉法人あすはの会の皆様方には、日頃より福祉行政はもとより、市政各般にわたり特段の御理解と御協力を賜り、厚くお礼申し上げます。

　また、昭島市を拠点として活動されている「みしょう」、「障害者就労プラザあいあい」、「子ども発達プラザ　ホエール」におかれましては、生活介護事業、就労継続支援事業、児童発達支援事業、放課後等デイサービス事業など、多様な関係機関と連携して、地域の中核的な福祉支援の役割を担われ、昭島市の障害者支援に多大なる御尽力をいただいていることに、重ねてお礼申し上げます。

　「法人設立30周年」という節目を迎えられましたことは、理事長様をはじめ職員の皆様が、利用者や御家族の皆様の心に寄り添った活動、そして地域に根ざした様々な活動を現在まで脈々と紡いでいただいた賜物であると存じます。

　昭島市では、2024（令和6）年4月に新たな「昭島市障害者プラン（2024（令和6）年度～2026（令和8）年度）」を策定し、「ともに支え合い、地域で安心して暮らせる　あきしま」を基本理念に掲げ、障害のある人も障害のない人も、住み慣れた地域で、安心して自立した生活を送ることができる「あきしま」の実現を目指すべく、障害者施策のさらなる充実と強化に努めてまいります。

　貴会におかれましては、障害のある方々が、安心していきいきと暮らせるまちづくりのために、引き続きお力添えを賜りますようお願い申しあげます。

　結びに、貴会の益々の御発展及び職員皆様の御健勝、御活躍を心から御祈念申し上げまして、設立30周年記念誌「希望へのあゆみ」の発刊にあたりましてのお祝いの言葉といたします。

希望へのあゆみ―あすはの会の30年―

福生市長　加藤育男

　社会福祉法人あすはの会が創立30周年という節目を迎えられますことを、心よりお慶び申し上げます。

　貴会におかれましては、1989（平成元）年に障害者家族と施設職員による施設づくりの会を発足し、定例活動学習会の開始を契機として、その歴史をスタートされました。その後、1994（平成6）年に社会福祉法人あすはの会の設立、知的障害者施設福生学園、知的障害者生活寮福生あらたま寮の開設、2010（平成22）年にパン工房モンパルふっさ等の施設を福生市内に開設されるなど、これまでの間、障害のある方々への幅広い支援や活動の場の提供に努めていただいております。

　さらに、増加する発達障害児を支援するため、2024（令和6）年度に福生市福祉センター内に新たに開設する児童発達支援センター事業に御協力いただくなど、障害福祉の先駆的な役割を担うことにより、福生市の障害福祉行政、ひいては障害のある方々の生活環境の向上に多大なる御尽力をいただいておりますことに心より敬意を表する次第でございます。

　障害福祉制度を振りかえりますと、2003（平成15）年にノーマライゼーションの理念に基づいて導入された支援費制度の施行によって、障害のある方々が自らサービスを選択、利用できるよう、従来の措置制度から大きく転換いたしました。

　2006（平成18）年には、制度上の諸課題を解決し、障害者が地域で安心して暮らせるノーマライゼーション社会の実現を目指して障害者自立支援法が施行され、障害の種別にかかわらず、必要なサービスを市町村が一元的に提供できる仕組みが構築されました。また2013（平成25）年には障害者自立支援法が改正され、地域社会における共生の実現に向けて、障害のある方々の日常生活及び社会生活を総合的に支援するために障害者総合支援法が施行されました。

　このように、障害福祉施策を取り巻く状況は社会情勢の変化、国における法制度の改正等により大きく変化してきました。また、それに応じて、一人ひとりが抱える様々なニーズに対応した地域生活の実現や、障害のある方々の社会参加に向けた取組が各地で進められているところでございます。

　近年では障害者の高齢化などを背景に、障害福祉のニーズがますます複雑多様化する中で、全ての障害者が、地域で安心して生活できるまちづくりがこれまで以上に求められております。

　貴会におかれましては、「利用者一人ひとりの自己実現」「職員一人ひとりの自己実現」を基本理念として、障害者基本法が目指すところでもある、「障害の有無によって分け隔てられることなく、相互に人格と個性を尊重し合いながら共生する社会」を実現するために各事業を展開されるなど、障害のある方々が安心して生活できる環境づくりに日々取り組んでいただいております。

　福生市におきましても、障害のある方々を取り巻く様々な課題に対応するために、2024（令和6）年度から2026（令和8）年度までを対象期間とする「福生市障害者計画・第7期障害福祉計画・第3期障害児福祉計画」を2024（令和6）年の3月に策定いたします。本計画で掲げている、「安心・健やかに暮らせる　人にやさしい　ノーマライゼーション社会の実現」という基本理念のもと、障害のある方々へ必要な支援を着実に行うとともに、より一層の充実を図るため、皆様と手を携えて障害福祉の充実を目指してまいりたいと存じますので、一層の御理解と御協力をお願い申し上げます。

　米山岳廣理事長をはじめ、貴会を支える職員の皆様方におかれましては、30周年を契機に更なる団結を図られ、今後も、これまで蓄積された経験や知識を十分に発揮され、障害福祉の向上により一層の御尽力をいただきますようお願い申し上げます。

　結びに、貴会の今後のますますの御発展と皆様の御健勝を心からお祈り申し上げ、お祝いのことばといたします。

あすはの会30周年を祝して

武蔵村山市長　山﨑泰大

　この度は、社会福祉法人あすはの会が創立30周年を迎えられますことを、心よりお祝い申し上げます。

　貴会におかれましては、日頃より市行政にご理解とご協力を賜り、厚く御礼申し上げます。また、30年の長きにわたり、地域福祉の推進に多大なご尽力をされてこられました。このことは、歴代の理事長様をはじめ、多くの職員並びに関係皆様方のご努力の賜物であり、衷心より敬意を表する次第であります。

　また、1994（平成6）年の法人設立以来、福生市、昭島市及び武蔵村山市において、地域に密着した安全・安心で質の高い福祉サービスの提供に努められ、障害者支援施設を中心に、地域福祉の向上にご尽力いただいていることに重ねて御礼申し上げます。

　特に福生第二学園並びにハーモニーむらやまにおきましては、当市との地域生活支援拠点等に関する協定の締結など、広く地域との連携を図るとともに、当市における障害者福祉の中心的な施設として、より一層の充実に向け、ご協力いただいているところでございます。

　市といたしましては、「障害のある人もない人も、お互いに尊重し、支え合いながら、地域でともに暮らせるまちづくり」を基本理念とし、障害者施策を推進してまいります。

　福祉サービスの果たす役割が一層重要となる中、貴会には引き続き質の高い地域福祉資源の創造を通じて、当市の福祉サービス需要への対応に、より一層のお力添えを賜りますようお願い申し上げます。

　結びにあたりまして、貴会が更なる飛躍と発展をとげられますこと並びに皆様の益々のご健勝とご多幸を祈念いたしまして、お祝いの言葉といたします。

あすはの会、30周年

あすはの会後援会長　石川彌八郎

　これは、ある人を囲み数人でお茶を飲んでいた時の話しです。その人は、毎日5箱のタバコを吸うヘビースモーカーで、2日でワンカートン。1日おきにタバコ屋に行き、ワンカートンずつ買っているとのことでした。

　なぜ、そんなに多くのタバコを吸うのかというと、1本目のタバコに火を着けても3分の1も吸わないうちに、すぐに次のタバコに火を着ける。そんな吸い方をしているので本数が増えてしまうとのことでした。ところがある日、その人はいつもは3分の1しか吸わないタバコを半分までは吸ってみたとのこと、そうしたら5箱吸っていたが4箱で済んだ、と笑って語っていたのでした。

　それを聞いた隣の人が、「だったら、根元まで吸えば3箱で済むのではないか」と尋ねたところ、その人は大声で、「何を言っているんだ、そんなことしたら健康に悪いだろ！」と答えたのです。……一同大爆笑。

　一同の笑いが収まったころ、そのまた隣の人が「毎日5箱、2日でワンカートン。何も1日おきに買いに行くことはないでしょ。ひと月分ぐらいまとめて買ったらどうなのよ。それのほうが、面倒くさくないでしょ。え？」

　と尋ねたところ、そのヘビースモーカーは、またもや大声で、「古いタバコは健康に悪い。」またもや一同大爆笑。

　この話が、なぜ笑い話しとして成立するかを考えてみましょう。その理由は、①その場の一同は、タバコは健康に悪いという常識を共有していた。②その中で、健康に悪いと言われるタバコを1日5箱も吸うヘビースモーカーが「根元まで吸ったら健康に悪い」あるいは「古いタバコは健康に悪い」との発言をした。③健康に気を付けるのであれば、そもそもタバコを1日5箱も吸うのはおかしい。という矛盾が笑いを誘ったからです。

　しかし、僕はこの話を単なる笑い話で片付けてはいけないと思いました。むしろ、よく考えると、それなりに深い話であるとも考えました。なぜならこう考えてください。その人にとって、「健康は目的なのか手段なのか」。そうです、その人にとって、健康は目的であったならば、勿論タバコは吸うべきではありません。しかし、その人にとって、健康は目的ではなく、タバコを楽しむための手段であったと考えるのです。そうであれば、彼の発言に矛盾はなくなるのです。

　「目的と手段」時に我々はそれを見失うことがあります。だから一同は笑ったのです。他人ごととは言えません。我々はこの世に生まれ、それぞれの職業を持ち、社会の一員としてお互いに助け合いながら生活をしています。ところが、仕事に夢中になりすぎると、何が目的で何が手段かを見失ってしまうことがあります。そんな時には一度立ち止まり、我々が生まれてきた理由、我々が生きている理由、仕事の意義、を考えることが必要です。我々は社会の中で生きています。社会には必ず相手がいます。我々は、その相手に対し仕事をして生きています。社会あっての我々とは、つまりは相手あっての自分です。ゆえに、相手の立場になり、相手を思いやりながら生きることが重要であり、これが我々が生まれてきた理由、つまり目的であると考えるのです。

　本年あすはの会は30周年を迎えました。こんな節目の時は、少し立ち止まり、ゆっくり考えるのにちょうど良い機会であるでしょう。

　それはそれとして、米山理事長、施設の職員の皆様、それに加え昭島、福生、武蔵村山の市長をはじめとした行政関係の方々には、大変お世話になってまいりました。この三十年誠にもってありがとうございます。今後も末永く、相変わらずのご支援をお願いし、後援会長のご挨拶とさせていただきます。どうぞよろしくお願いいたします。

目　次

I　あすはの会のあゆみ

1　施設設立活動と法人認可

齋藤　仁（元あすはの会副理事長）

（1）　前田先生との出会いと施設造り

　1989（平成元）年の秋、八王子市の恩方地区で知的障害者の施設造りを目指
している荒川区のグループがあるというので、とにかく話しを聞いてみようと
いうことになり、前田先生がセッティングして荒川のグループ（かたつむりの
会）数名と、喫茶店でお会いし、先方の話しだけを聞いて帰ってきました。良
さそうな話なので建設予定地である八王子市恩方を見てみようということにも
なり、12月23日、河辺の駅前で待ち合わせることになりました。その時はじめ
て前田先生とお会いしました。小柄な体の上にあの人懐っこい顔がのっている
という、終生変らない第一印象だったのを昨日のように思い出されます。体に
似合わない大きな車（いすずビックホーン）を駆って現地まで案内していただ
きました。

　「かたつむりの会」とは荒川地区の知的障害児・者を持つ親の集まりで、会の
活動としては月に一回例会を会長宅で開き、会報「かたつむり」を発行し、建
設資金を稼ぐためバザーや花売りを会員が手分けして行っているという話でし
た。荒川・多摩連合となった「かたつむりの会」は、当初荒川グループがやっ
ていた従来通りの活動を進める形をとり、月例会、花売り、バザーなどやって
は相互の親睦、理解を深めてまいりました。月例会には前田先生も出席し、施
設造りに関する豊富な資料の提供、経験からでてくる適切なアドバイス、幅広
い人脈から来る情報など大いに啓発される勉強会ともなりました。

　施設の建設資金の話以外は楽しく将来の夢、施設の概要、理想の「親亡き後

の子ども」の施設内容などを語り合ったものでした。前田先生は現場の実体験を踏まえながら、色々な話をしましたが、その一つに定員のことがあり、施設長が見られる入所者は40人位が適当で、42人だと看護師、栄養士手当てが加算されるので、ベストである旨の話があり、現在の福生学園、福生第二学園の定員になっている次第です。また当時前田先生は府中の実生学舎で学童保育をしていて、音楽療法を試みていたのを、本格的に実施してみたいとも語っていました。それも両学園で実現されています。

（2） 福生市（現在地）に決定するまでと設計事務所選び

　いろいろあった候補地から現在の福生学園の土地を提案してきたのも前田先生でした。福生学園の裏に誠和工業という航空機の部品メーカーがありますが、そこの社長と前田先生の父親が懇意だったということで、友愛学園の利用者を誠和工業で働かせてもらっていたこともあって、利用者を引率してしばしば当地を訪れていたそうです。その当時から裏の林に注目していたそうです。早速会員の皆さんに諮り、1990（平成2）年11月頃だったと思いますが、現地見学となりました。拝島駅から遊歩道をゆっくり歩いて15分、広葉樹のトンネルをくぐると現地到着、そこは椚の雑木林、前には福生市の野球グランドが3面、願っても無い環境で会員の皆さんは一瞬でその虜になりました。その土地の所有者は地元で農業を手広く営んでおり、お金に困るような人ではなく、この飛び地である雑木林を売る必要はさらさら無く、専ら情に訴えるしかないことでした。

　土地の売買契約は何とか合意にこぎ着けましたが、知的障害者の施設建設を地元の人たちに同意してもらうことが何より大事になってきます。近隣は準工業地域で住宅は少ないので助かりましたが、市議会議員や福東町会会長に挨拶し理解をしていただき、地元対策に多大なご協力をいただきました。そうした折衝は前田先生の独壇場で、福祉への熱い思いを語っては相手を納得させてし

まう不思議な魅力がありました。また大きな車を走らせて、小まめに動いては
フットワークの良さを充分に発揮していました。友愛学園の仕事を掛け持ちし
ながらのことなので、なおさら頭が下がりました。

　施設の建物設計については、私の勤務先（大成建設）で大学同期の設計部に
いた原田寧士氏は病院設計を専門的にこなし、福祉建築でも滝野川学園の一部
を設計していて、この分野では顔が広いのでどこか良い事務所を紹介してもら
うことにしました。

　まもなく彼から（有）匠設計事務所を紹介されました。所長の椎葉亮一氏は
学部が違うものの早稲田の同期で親子二代にわたって設計事務所を運営、老人
ホームを多く手がけているということで、早速契約を結んで基本設計に取りか
かってもらうことになりました。

　この年の夏、「かたつむりの会」の親子による合宿が、「日の出太陽の家」で
行なわれました。合宿はバーベキューや流しそうめんと盛り沢山、夜は親たち
の深夜に及ぶトークと盛況裡に終わり、翌日は建って間もない「八王子平和の
家」の学園祭と施設を見学、阿部施設長から説明を聞いて帰途につきました。

　福生市には地元枠 5 人の入所者が認められていますが、倍の10人にする案を
検討してもらい補助金をいただくことに内諾を得ることが出来ました。また取
り付け道路を造る案も認めていただき、翌年 6 月道路工事が始まりました。

　さらに、生活寮との合築を東京都に提示し、認可をいただきました。生活寮
とは東京都独自の制度で、都だけの裁量で何とか出来たものです。ところが生
活寮の制度を自立支援法と合体して国基準にしてしまうと、不都合な部分が出
てくるというので現在協議中であるが、その当時は思いもよらなかったことで
した。

（3）　法人申請と認可、建築着工へ向けて

　施設建築にまつわる難問がほぼクリア出来て、東京都に法人許可の申請書

を提出する準備にかかりだしました。法人の理事長には前田先生の恩師である松野安男東洋大学教授に内諾を得ることができました。1993（平成5）年2月、活動開始からまる3年掛かってやっと都との協議のテーブルに着くことが出来ました。その席で都側から予算が厳しいので2ヵ年事業にしてもらいたい旨言われました。こちらにとっても来年3月までに完成させるのは時間的、物理的に無理なので了承しました。

　9月には法人名を検討し、小倉節子さんから出された「あすはの会」が当選し、私の出したあらたまの会はその名を生活寮に残すことになりました。「あすは」とは、古事記に出てくる足場の神で阿須波のことであり、入所者たちの生活の場を守る神様であるということでした。「あらたま」は荒川と多摩を合わせたもので「新珠」ともかけたものです。

　また、現在行事のたびに歌われている「学園歌」も、この9月に完成しました。前田先生の作詞、先生のお嬢さん前田幸さんの作曲による3番まである学園歌で、そこには先生の施設に対する理念や理想が盛り込まれていました。

　10月15日建築確認申請を役所に提出し、確認が下りるのを待つばかりになりました。実施設計になると検討すべき事項が多々あり、前田先生の施設現場体験を充分生かして設計に盛り込んでもらいました。居室のレイアウト、浴槽の2槽式、男子小便器、音楽療法室、作業室の設置など予算と時間の許す限り、手造りで練り上げていったものです。確認が降りるまでに通常一ヶ月以上はかかるので、この間に匠設計と施工の田村建設工業と正式に契約を交わし、現地の雑木林の伐採にかかり始め、11月10日関係者、会員の列席のもと地鎮祭を執り行いました。そして12月7日、建築確認通知が届き、いよいよ着工の運びとなりました。

　1994（平成6）年待ちに待った社会福祉法人の設立認可書が東京都知事　鈴木俊一名で届きました。法人、学園のシンボルマーク、ロゴを決定したのもこの時期で、小倉さんの知人であるデザイナー小宮勝氏に依頼し、3案の中から

現在のFマークに決定しました。氏の説明によるとデザインコンセプトとして
三つの要素を表現するべく考えてみたとのことでした。

地鎮祭の参加者

工事現場

　三つの要素とは

　　1．学園設立にあたって三つの理念（人間性・愛情・地域社会）を表現す
　　　ること
　　2．親・子・職員の三者が協力してつくる理想の学園文化を表現すること
　　3．運営母体「あすはの会」と「福生学園」・「あらたま寮」の関連性を表
　　　現すること

　FUSSAの頭文字 "F" と三つの要素を正方形にし、夫々が階段上に一段また一
段とステップアップしていく様をデザインしてみたそうです。玄関まわりの外
壁と照合するかのように取り付けたこのFマークは我らが誇りとするもので
す。ちなみに小宮さんの勧めによりこのマークはデザイン登録をしています。

　6月には10月の開園にむけて職員の募集をかけ、現場事務所に足を運んでも
らい、採用試験（小論文）と面接を行いました。1回では必要員数に足りず、
2〜3回くらい行ったと記憶しています。

　お盆前には外部足場も解体されはじめ、いよいよ外構工事にかかる段階にき
ました。内装工事も最後の追い込みにかかっていましたので、家具や備品の搬
入も重なりまして、大変な忙しい時期が続きましたが、工事関係者や納入業者
のご努力、ご協力のお蔭で、無事竣工式を迎えることが出来ました。今でも感
謝の気持ちでいっぱいです。またこの竣工式は台風一過の後だったので、なお
さら記憶に残っています。

（4）　入所者の決定、開設とその後

　当時の入所者数は、更生施設42人、生活寮10人の計52人で、その内更生施設
は設立者枠8人、地元枠は更生施設と生活寮で10人、残りの34人は措置枠と
なっていました。

　東京都から選ばれた措置枠の人たちの面接を前田・細部先生が行い、施設に
預け放しにするような保護者は都とも相談し、入所を断ったそうです。やはり

休日には本来の家庭に戻り、家族の絆を確かめ合うのがあってこそ、施設生活も楽しくなるというのが前田先生の持論でもありました。時がたって自立支援法の下、施設運営費が日割り計算で行われるようになり、施設側も事業者として痛し痒しといったジレンマをかかえる結果となっています。

　10月1日、いよいよ本番がやってきました。52人が一斉に入所すると大混乱となりますので、52人を何回か1ヶ月くらいの間に分けて入所できるようにしました。指導員も利用者も初めて体験する世界で戸惑いがあったと思われます。最初は脱走する利用者が続出し、頭を悩ませたそうです。今ではすっかり落ち着きが出てきて、逆に老齢化を心配するようになってきました。

　福生学園開設から5年後の1999（平成11）年に網代節夫・進親子の多大な協力を得て、武蔵村山市に福生第二学園（定員42名）と三ツ藤あらたま寮（定員10名）が新たに開設されました。

　その後、地域社会における障がい者や障害者施設の理解を深めるために網代進さんは献身的に尽力され、現在の福生第二学園は地域社会のための重要な社会資源となっています。

　さらに、三ツ藤あらたま寮は発展的に解消され、地域の中にあるグループホームとして「ハーモニーむらやま」が誕生したことも網代さんの協力があったからといえます。

2　知的障害者の絵画・造形作品と国際交流
──文化活動のあゆみ──

熊木正則（元あすはの会評議員）

（1）　施設のグループ作品展

　「福生学園」（1994（平成6）年10月開設・東京都福生市）の初代園長前田弘文さん（2002（平成14）年1月18日病歿・享年53歳）が「友愛学園」（1957（昭和32）年4月開設・東京都青梅市）で私と一緒に生活指導員として働いていた頃（1979（昭和54）年〜93（平成5）年）、彼は私より6歳ほど年下で大学が同窓、職場の同僚という関係の親近感から「先輩」と私を呼び、知的障害者施設作りの夢をよく語りかけてくれました。ときには夜を徹して「先輩、俺は施設という箱作りには自信があるが、箱の中に何を詰め込んだらいいのかよく分らないんだよ」と、私に意見や相談を求めることがよくありました。

　私はその都度、彼に、私が東京都海外派遣研修員（1982（昭和57）年）でヨーロッパの知的障害者施設や学校の視察、現地で受けた講義内容や研修以前から地域活動をしていた福祉映画上映会、障害者ソフトボール大会、魚釣り大会、心身障害児者美術展、施設のグループ展、個展、シンポジウム、個人的に数回訪問したフランスの知的障害児学校や施設のことなどを折り混ぜ、「これからの施設は文化作りだよ。精神的な豊かさが実感できなければ、何のための施設生活、入所者の人生かってことになるだろう。文化と一口に言っても多種多様、それぞれ価値観の違いがあって難しい問題かもしれないけどね」と語りあいました。

　「そうか、何となく分ったよ。やっぱり文化なんだ」と前田さんは、施設作りの思いを深めていきました。彼はその第一歩として1988（昭和63）年11月、知的障害児の学童クラブ施設「実生学舎」を創設（東京都府中市、後年立川市に移転）しました。活動スタッフに本沢千恵子さん（音楽家・ハーモニクス）、伊藤啓子さん（全米公認音楽療法士）、鈴木孝さん（彫刻家）らを講師ボランティ

アに迎え、歌やリズム、ダンス、楽器演奏などの音楽活動、絵画や版画、陶芸、彫刻などのアート活動を中心に、1989（昭和64）年4月から養護学校の児童や在宅の利用者を集め、正式にクラブ活動を開始しました[1]。

　その頃、私は東京多摩地区の知的障害者施設にグループ作品展の参加を呼びかけ、1988（昭和63）年から91（平成3）年まで毎年「福祉ふれあい FRIENDS 展」（「朝日ギャラリー」立川駅ビル）を開催していました。この第3回展（1990（平成2）年2月16日〜21日）に、実生学舎は初めて利用者の絵画、版画作品4点を出展しました。他に5施設の絵画や陶芸作品と日本画家岩崎巴人さん、画家・絵本作家田島征三さん、彫刻・造形作家友永詔三さん、洋画家宮トオルさん、八木道夫さんが賛助出展してくれました。

　「今朝、1番の特急電車に乗ってきました」と千葉県館山市から駆けつけた岩崎巴人画伯（京都・西山禅林寺永観堂僧）は、「どの絵も焼き物も、みんな物欲しさがない。皆さんの無垢な心が作品に光り輝いていますね。これこそが本物の芸術、心なのです」と、清々しい笑顔で感想を述べていました。

　この言葉を耳にした前田さんは、「実生学舎がこんな立派な作品展の仲間入りができて、こんなに晴れがましく思うことはないよ。ギャラリーに飾られると本当に絵が輝いて見えるもんな。作品はきちんと扱わないと作者に申し訳ないね」と、私の耳元で囁きました。福生学園の建設にあたって、彼が玄関先に設けた作品展示コーナーは、案外この時の感動と実感がベースになっていたのかもしれません。

　このグループ展シリーズに出典参加した作者達は、ギャラリーという社会参加場面を経験し、大きな励みと自信、誇りと勇気を得られたことでしょう。また職員や保護者、家族や関係者は、作品の表現力、発信力による文化的な社会参加への可能性を感じたことでしょう。他方、見学に訪れた一般の人々は「これが知的障害者の表現、心の世界か」と、その内面の豊かさ、広さ、深さ、温かさ等に感動し、あらためて彼らの表現（心の写実）世界を再認識させられる

契機となったように思われました。

（2）　美術展の立ちあげ

　私はこれまでの知的障害者に対する「かわいそう」という単なる同情的な先入観を打破し、もっと本質的な人間像を追及したいと考えていました。その方法の一つとして彼らの表現作品を公表することで、その創造力や芸術性といった心の内面的な価値観や認識を、何とか多くの人々と共有できないものかと考え続けていました。そんな思いから心身障害児者の表現パブリックとして、障害児者美術展覧会の活動を決意したのです。

　そこで、その決意を元に東京多摩地域に点在する心身障害児者施設や障害児養護学校等に呼びかけ、「福祉 MY HEART 美術展」運営実行委員会を1986（昭和61）年４月に結成しました。この組織は施設職員による任意団体なので、意

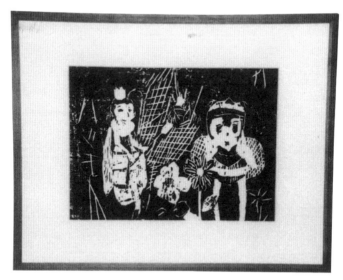

①「みなしごハッチ」木版画・実生学舎の利用者作品。
　「第３回福祉ふれあい FRIENDS 展」（1990（平成２）年）出展。

思決定や運営責任が不明確になると考え、組織、企画、運営財源等の全責任を負う覚悟で、私が運営実行委員長を努めることにしました。

　その第1回展は「青梅市立美術館」（東京都青梅市）で開催（同年7月5日〜15日）しました。出展参加は知的障害児者施設、肢体不自由児や身体障害者、視覚障害者施設等26団体で160点の出展数でした。会期中の観覧者数は1326人と、全く予想外の多人数で、その反響、盛況には驚くばかりでした。

　そうした中で、「センターの人たちをバスで1時間以上もかかる青梅に連れ出すことなんて、今まで許可されませんでした。それに、この人達の絵が美術館に展示され、それを見学できるなんて、全く夢みたいです。いままで、美術館に入ったこともないんですから。こういう人達のためにも、こういう美術展はずっと続けて欲しいです」と、重症心身障害児施設「東京都立府中療育センター」（東京都府中市）指導科職員瀬間弥栄子さん（故人）が言ったことは、この美術展の意義を端的にもの語っていたように思われ、今も忘れ難くなっています。

　第1回展終了後の8月末、私はフランス・ロワール（LOIRE）の古都トゥール（TOURS）市在住の友人画家セッコ（Setsuko FUENTES）さんを訪ねました。この時、彼女の夫で高校教員で大学講師だったビエール（Pierre FUENTES）先生の紹介で知的障害児学校「レッソー」（「I.R.M.P L'ESSOR」TOURS）を訪問し、校長や5、6人の教員と障害児教育、福祉事情についてディスカッションしました。このことが契機となって同校の教員や生徒達と文通が始まり、1987（昭和62）年の第2回展からフランス作品が毎回出展されるようになりました。

（3）　日仏国際交流記念展

　「福祉 MY HEART 美術展」が1996（平成8）年に第10回展を迎えることになり、その記念展をフランスで開催できないかと、私は考えました。そこで1994（平成6）年の9月、私は再びフランスへ出かけ、レッソー校から紹介された知的障害児学校「フィオレッティ」（「I.R.M.E LES FIORETTI」RICHELIEU）の

教員ブリジット（Brigitte RICHARD）先生、同校校長ジョンポール（Jen-Paul RICHARD）先生を訪ねました。夫妻は私を自宅に招き「あなたと友人になれて嬉しい」と、大歓迎でした。

「実はフランスで記念展を開催したいのですが」と相談をもちかけると、同席していたセッコ夫妻も「実現しましょう」と同意してくださいました。その結果、フランス側の責任者はブリジット先生、日仏双方の事務連絡はセッコさんが担当、日本側の責任者は私ということで、お互いに合意することができました。

この合意に基づき、2年がかりで「福祉MY HEART美術展10回記念日仏交流展」（1996（平成8）年4月11日〜5月24日・保険会社アシュラン〈MPF ASUURANCES〉TOURS）を企画し、日仏間の準備トラブルもなく無事開催できました。

日本からの出展は、12施設1個人の27点と友人のプロ作家6人の賛助作品14点。フランスの出展は、6施設（障害児学校含む）から33点とプロ作家の賛助作品5点でした。

フランス・ロワール地方では障害児者の美術展は初めてで、それも日仏両国の障害児者作品とプロ作家作品の合同展覧会、その上、両国の障害児者作品の交流記念展絵ハガキ、日本からの知的障害者訪問団と、その企画内容の多彩なコラボレーションに、トゥール市民は展覧会場で「ブラボー、ブラボー」と驚嘆、感嘆の声をあげ、惜しみなく称賛してくれました。

私はこの記念展で知的障害者自身の国際交流を試みたいと思い、旅行社の友人に相談して「MY Heart in France '96」訪問団を募集しました。その結果、5施設から22人（出展者5人を含む知的障害者8人）が参加しました。

訪問団長には福生学園統括園長前田弘文さん、副団長には友愛学園生活指導員大越春雄さんにお願いして、1996（平成8）年4月6日から13日の日程で訪問し、フランスとの親善交流を図りました。

私は会場準備、訪問団の現地受け入れ準備、現地スタッフとのミーティング等のことがあり、訪問団よりも1週間ほど早く現地入りして、彼らの元気な姿

での到着を待ちました。

　「あっ、私の絵があった！」、「あれ、ぼくの絵はこっちだ」と、日本の出品者は自分の絵を前にして大喜びでした。その姿はとても誇らし気に輝いていました。付き添っていたお母さん達は「一緒に来てよかった。こんなに誇らしい子どもの姿、笑顔が見られたんですもの」と、親子で写真を撮ったり絵に見入っ

②フランス・シノン（CINON）市の知的障害者施設「セウリ」（I.M.E SEUILLY）を親善訪問した「マイ・ハート・イン・フランス'96」訪問団（1996（平成8）年4月11日）。

③「すべての山」書・福生あらたま寮の利用者作品。「MY HEART 日仏20&10記念国際交流展」（2007（平成19）年）出展。

たりの感激で目を潤ませていました。

　「先輩、オープニングパーティーでも施設訪問でも、この人達はお互いに言葉や国の壁がなく、ごく自然に抱きあったり握手を求めあって、心と心でコミュニケーションできちゃうんだから。いい勉強をさせてもらったよ」とレオナルド・ダ・ヴィンチ（Leonard da VINCI）記念館「クロ・リュセ」（Le CLOS Luce）で言った前田さんの笑顔が、つい昨日のことのように懐かしく思い出されます。

　この「福祉 MY HEART 美術展10回記念日仏交流展」の経験は、「知的障害者も作品を通じて国際文化交流への道がある」ことを、私達参加者、関係者に学習させたと言っていいでしょう。また、出展した知的障害児者の誇りと夢、国際交流に対する施設の理解と認識への糸口になったと、私は考えています。

（4）　その後の展開

　フランス・ロワール地方ではこの日仏交流展の成功が契機となって、知的障害児者の作品に対する関心が急速に高まったようでした。帰国直後、「5月22日、私は今回参加した施設に声をかけて、話し合いの企画をたてました。その時に反省会、そしてこれからのフランス　マイハートをつくる準備を計画しています。」と、ブリジット先生からの手紙（5月9日付け）が私に届きました。私はこの手紙に驚くと同時に、フランスの人たちに大きなインパクトを与えたことを知り、フランス協会作りが成功することを祈りました。

　この手紙どおりに彼女が呼びかけ人となって、ロワール地方の知的障害児学校、施設の職員を集めて、「マイハート　フランス協会」（「Association MY HEART FRANCE」TOURS・フランス1901年7月1日法に基づく）が1997年7月に設立されました[2]。

　ブリジット先生が協会長に就任し、1998年からトゥールでフランスの心身障害児者の美術展「Exposition MY HEART FRANCE」が、日本からの交流出展作品を含めて定期的に開催されるようになりました。回を重ねる毎に活動の輪が

広がり、ノルマンディー（NORMANDIE）地方の教会で開催されたり、日本の他リトアニア、ドイツ、ベルギーの国々とも作品交流が行われるようになりました。その結果、日本の「福祉 MY HEART 美術展」にも、フランス協会を通じてリトアニア、ドイツ作品もフランス作品と一緒に展覧できるようになりました。また2003年12月には、ベルギーで開催されたヨーロッパ国際交流展に、フランス作品と一緒に日本作品も出展され、好評を博しました。

　最近では日仏共同で、日本の20回展、フランスの協会設立10周年を記念して「MY HEART 日仏20&10記念国際交流展」（2007（平成19）年11月15日～30日・「レ　エルフ」〈I.E.M Les ELFES〉TOURS）を開催しました。

　続いて日中共同で、パラリンピック北京大会記念として「パラリンピックを迎え―2008中国・日本・フランス知的障害者芸術作品展」（「迎残奥―2008中国、日本、法国智障人士艺术作品展」上海市陽光芸術センター〈上海市阳光艺术中心〉2008年 6 月22日～29日）を開催しました。

　両国際交流展とも出展した知的障害者を含む交流訪問団を結成し、展覧会場や障害児者施設を訪問して、友好親善の交流を図りました。

　他方、1996（平成 8 ）年の日仏国際交流記念展のフランス訪問を契機に、「先輩、施設でもこれからは国際交流のチャンスに対応できるようにしておくよ」と前田さんは、福生学園の法人事業に国際交流事業項目を設けた旨を、私に話してくれたことがありました。私は他の施設でこのような話を聞いたことがなく、彼の先進的な考えに賛同し、その度量の広さに敬服しました。前田さんは訪問交流の体験から、「国際交流の喜びを入所者の生活、人生に反映させたい」と思い、このように考えたのでしょう。

　その後、福生学園では「立川マラソン大会」を通じて、「ニューカレドニア国際マラソン大会」に出走の入所者を含む職員、保護者等22人でニューカレドニアへ親善交流訪問（1998（平成10）年 7 月15日～20日）しました[3]。続いて「福生学園音楽療法研究会」公開セミナー（1999（平成11）年 7 月17日）講師に

招いた大滝昌之さん（スウェーデン音楽セラピスト）を介して、2000（平成12）年9月5日から11日の日程で、スウェーデンを訪問しました[4]。

　この時の訪問団は入所者、職員、保護者等を合わせ46人でした。訪問団は「ABF」（スウェーデン国民教育協会連合会）文化祭の舞台でハンドベルと和太鼓の演奏、ダンスや合唱、歌を披露しました。また、「FUB」（同知的障害者協会）のダンスパーティーに招待され、両国の知的障害者が手に手をとりあってダンスを存分に踊りあい、楽しみあって親睦、親善、友好交流を図ってきたといいます[5]。

　このように福生学園では過去5回の国際交流訪問を経験し、「世界には同じ仲間が沢山いる」という認識を広くもつことができました。と同時に洋の東西を問わず、知的障害児者の表現文化、スポーツ文化等の余暇活動が、いかに彼らの心を広げ、人生を豊かにするか、そのことの実感と理解を深められただろうと思います。

引用・参考文献
（1）パンフレット「心身障害児（者）通所訓練所　実生学舎」1992
（2）Dossier de Presentation「MY HEART France」Exposition d'oeuvers realisees par des Personnes handicapees
　　My Heart France Association 1997　1頁
（3）社会福祉法人あすはの会福生学園「あすは」第7号　1998.10.10
（4）福生学園音楽療法研究会「ゴーシュ」第7号　2001.1.27
　　"スウェーデン演奏交流ツアー報告"菊池優浩　4〜5頁
（5）福生学園音楽療法研究会「ゴーシュ」第7号　2001.7.14
　　"特別寄稿　生き甲斐としての音楽〜スウェーデン演奏交流ツアーに"伊藤敬子
　　4頁
　　社会福祉法人　あすはの会福生学園「あすは」第11号　2001.4.1
　　"スウェーデン演奏交流ツアーに同行して"唐澤清美　4頁

3　地域福祉への貢献

髙久将裕（子ども発達プラザ　ホエール　副施設長）

（1）　法律による事業の変遷

　戦前に施行された「社会事業法」が日本の社会福祉事業を行う出発点となり、施設に収容する収容主義でした。「戦後」の1951（昭和26）年に施行された「社会福祉事業法」が基礎となり、社会福祉事業法で社会福祉事業を担うために法人格を取得した非営利団体である社会福祉法人が初めて登場します。以後、社会福祉法人が日本各地の社会福祉事業の中心になり、事業を進めて行きます。

　1992（平成4）年は戦後の社会福祉の歴史の中でも一時代を画する社会福祉関係八法（老人福祉法、身体障害者福祉法、精神薄弱者福祉法、児童福祉法、母子及び寡婦福祉法、社会福祉事業法、老人保健法、社会福祉・医療事業団）の改正が行われ、主として在宅福祉サービスの位置づけの明確化や支援・助成の強化が行われました。

　また、社会福祉事業法第3条に新たに基本理念がもりこまれ、「福祉サービスを必要とする者が、心身ともに健やかに育成され、又は社会、経済、文化その他のあらゆる分野の活動に参加する機会を与えられるとともに、その環境、年齢及び心身の状況に応じ、地域において必要な福祉サービスを総合的に提供されるように、社会福祉事業その他の社会福祉を目的とする事業の広範囲かつ計画的な実施に努めなければらない」と規定しました。法律の改正により、ノーマライゼーションや地域福祉といった目標が示されました。

　1995（平成7）年には心身障害者対策基本法が障害者対策基本法に改正され、1996（平成8）年に「今後の子育ての子育て支援のための施策の基本的方向について」（エンゼルプラン）と「高齢者保健福祉推進十か年戦略の見直しについて」（新ゴールドプラン）がとりまとめらました。翌1997（平成9）年には障害福祉の分野でも障害者プラン策定され、三つのプランがでそろい総合的な施策

の実現にむけてスタートすることになりました。「救貧」から「防貧」へ、「経済扶助」から「社会扶助」へ、「施設福祉」から「在宅福祉」へ、「公私分離」から「公私協働」へといった転換を時代の要請として考えて行かなければならない時代となりました。

1998（平成10）年に社会福祉基礎構造改革の中間まとめで①社会福祉事業の推進、②質と効率性の確保、③地域福祉の確立の3つの大きな柱が掲げられました。

改革理念の中にサービス利用者と提供者の「対等な関係」の確立が挙げられ、具体的に個人が自らサービスを選択し、提供者との契約を基本にすることが盛り込まれました。

（2） みしょう開所以降の取り組み

福生学園、福生第二学園が開設された当時は、社会福祉施設を利用するには行政が利用することが必要な人であると判断した、「措置制度」で障害者のある方の生活先が決定されていました。

社会福祉基礎構造改革の中間報告から2年後の2000（平成12）年に社会福祉事業法が「社会福祉法」へ改正されました。社会福祉に関する法律の制定、改正による社会からの要請に呼応し、社会福祉法人あすはの会も地域に向けた取り組みを進めます。

2002（平成14）年10月に東京都昭島市で昭島市保健福祉センター内に「みしょう」として、当時の知的障害者通所更生施設、身体障害者通所更生施設（＊生活介護）、知的障害者通所授産施設（＊就労継続支援B型）の事業が開始されました。

取り組みの1つに利用時間中に入浴支援を実施しています。また、昭島市から委託を受けた独自のショートステイ、言葉の相談も実施し、住み慣れた地域で生活をすることを目的とした基盤が整い始めました。

　更に2009（平成21）年4月に昭島市から昭島市保健福祉センター（みしょう）内に昭島市から委託を受けた指定特定相談支援、障害児相談支援の「昭島市障害者相談支援センター」の事業が開始されました。相談支援事業が開始されるまで直接支援をする方々、家族の方と限定されていましたが、相談支援事業の実施により、地域に居住する市民の方も対象の範囲に広がりました。

　地域支援としては立川市と昭島市に跨る東日本成人医療矯正センター（医療刑務所）に勤務する職員を対象にした、障害のある方の理解を深める研修も実施しています。

　同年の10月に就労継続支援B型事業を実施する「障害者就労プラザあいあい」が開設されました。2005（平成17）年に制定された障害者自立支援法（＊障害者総合支援法）の趣旨に添い、支援費制度までの課題であった、障害種別にとらわれず、障害のある方全てを利用対象とした、法人として初めての通所施設が開設されました。

　特徴としては所在地にある昭島市は水が地下水を使用し、水質に定評があります。定評のある水を使用した「藍染」は地域の作家の方を講師として招請し、生産活動の1つとして取り組みを実施しています。

　令和の時代に入り、2020（令和2）年1月に東京都昭島市に福祉型児童発達支援センター、放課後等デイサービス、保育所等訪問支援、指定特定相談支援、障害児相談支援と、発達に配慮が必要な児童の福祉的総合支援を実施する「子ども発達プラザ　ホエール」が開設されました。

　子ども発達プラザ　ホエールは新型コロナウイルスの流行、蔓延とほぼ同時期に立ち上がった事業所になります。開所間もない時期から緊急事態宣言、感染症対策上から地域との関わり、繋がりを作ることが難しく、新型コロナウイルスが5類型に変更した2023（令和5）年度から地域に向けた取り組みを本格的に始めました。

　コロナ禍の中で事業を進めながら見えてきたのは支援者、支援機関も単体で

外部機関との相談が叶わず、単独で発達に配慮を必要とする児童の保育をしている現状でした。

　地域の実情から優先して取り組みをするのは各園、支援者が配慮に必要な児童の理解を深め、児童発達支援センターとして支えることが、児童の健やかな成長を促されると考えています。

　2023（令和5）年度より幼稚園、保育園の職員職員を対象とした知識、専門性の向上を目的とした研修会を開始しています。研修会実施後に園の先生から研修講師の招請方法、内容のご相談をいただき、地域の子育て支援をする関係機関と関わりを増やす場に繋がりました。

　更に2023（令和5）年度中に児童発達支援、放課後等デイサービスの職員の障害のある子どもを療育する福祉施設の職員を対象とした研修会も実施する予定でいます。

　2023（令和5）年5月には東京都武蔵村山市で共同生活援助（グループホーム）、指定特定相談支援、短期入所を実施する「ハーモニーむらやま」が開設されました。

　ハーモニーむらやまの特徴として、全国で整備を進めている「地域生活支援拠点」があります。武蔵村山市は面的整備型で実施をしていますが、ハーモニーむらやまは地域生活支援拠点の機能の1つである、地域に居住する障害のある方を緊急時に受け入れをする短期入所（ショートステイ）機能を併せ持ちます。

　また、事業所の設置区域である地域包括支援センターから相談を受け、月に1回、「おたがいさまサロン」と云う、地域包括支援センターの対象地域に居住する高齢者が集う場所を設けています。目的として地域の高齢者と地域住民が集える場を作り、孤立と介護予防を目的に実施しています。

（3）　今後に向けて

　措置制度時代は各事業所共に事業所の利用者が支援対象として、限定されて

いました。社会福祉法の改正、支援費制度から障害者総合支援法の制定、時代の変化による社会からの要請、時代の変化、個々人の価値観、ニーズの多様化と支援の対象範囲が家族、更に地域住民、機関と広がりを見せています。

　最近は「包括支援」が支援の大きなキーワードです。経済的に困窮し、最低限度の生活を維持ができなくなる方に居住、経済、就労、子どもがいる世帯の方には子どもの学習、生活支援が2015（平成27）年より開始されました。

　高齢者福祉ではその人らしく、住み慣れた地域で自分らしい人生を最後まで続ける、過ごせるように医療、福祉等の専門職に地域住民も参画して地域ニーズ、特性に応じて居住、医療、介護、予防、生活支援を包括的、一体的に提供する地域包括ケアシステムを日本各地で構築を進めています。

　障害福祉も「精神障害者にも対応した地域包括ケアシステムの構築に向けた取り組み」を国が検討を始めています。

　みしょうは矯正施設の職員を対象に司法の吏員が福祉を理解する取り組みを行い、子ども発達プラザ　ホエールは地域の幼稚園、保育園を対象にインクルーシブの推進が始まり、ハーモニー村山は地域の高齢者に集う場所、活動の場を提供しています。あすはの会は「障害福祉」を軸としながら限定せず、従来の枠を超えた動きを進めています。

　各地の社会福祉協議会が地域福祉の推進する中心的機関でありますが、社会福祉法人は2016（平成28）年の社会福祉法改正により、地域福祉の推進を求められました。

　2020（令和2）年の新型コロナウイルスの出現、流行により、感染症対策から人と人、地域との繋がりが断たれました。インターネットの普及、SNSの発展で完全に繋がりを断たれたわけではありませんが、コロナ禍の前まで自然に、当たり前であった人と人が繋がり合うことが影響を受けています。

　新興感染症は今後も続くと予想されますが地域、人を繋ぐことも社会福祉法人の大切な役目です。

　今後も法人内の各拠点が地域、住民のニーズ、特性、事業所の特徴を活かした取り組み、支援活動を時代、社会のニーズに応じた取り組みを進めて行くと考えられます。

沿　革

1989（平成元）年	11月	障害児者家族と施設職員による施設作りの会発足 毎月定例会、学習会活動開始
1994（平成6）年	3月 10月	社会福祉法人あすはの会設立認可書交付 福生学園・福生あらたま寮開設
1999（平成11）年	3月 4月	福生第二学園開設 三ツ藤あらたま寮開設 パン工房モンパル昭島店開設
2001（平成13）年	10月	昭島市保健福祉センター事業委託 パン工房モンパル武蔵村山店開設
2003（平成15）年	4月	三ツ藤デイサービスセンター開設
2010（平成22）年	4月 10月	喫茶モンパル昭島店開設 パン工房モンパルふっさ開設（昭島店閉鎖）
2011（平成23）年	4月 10月	昭島市障害者支援センター事業受託 昭島市障害者就労プラザあいあい開設 就労移行支援、就労継続支援B型受託運営開始
2012（平成24）年	3月	本部防災棟完成
2013（平成25）年	4月	特定相談支援事業・相談支援事業所みつふじ運営開始
2020（令和2）年	1月	子ども発達プラザ　ホエール開設
2023（令和5）年	5月	ハーモニーむらやま開設

引用・参考文献

（1）米山岳廣　「生活・福祉・保育　―研究の軌跡―」　文化書房博文社　2018

（2）米山岳廣、谷内篤博編著　「社会福祉施設の展望」　文化書房博文社　2011

（3）佐藤久夫・小沢温　「障害福祉の世界」　第3版　有斐閣アルマ　2006

（4）厚生労働省　「社会福祉法の一部を改正する法律の改正事項」　第16回　社会保障審議会福祉部会　2016

II　あすはの会の事業概要

1　社会福祉法人あすはの会　法人本部事務局

諏訪　潤（事務局長）

（1）　事業内容と特色

　社会福祉法人あすはの会の法人機能、各事業の連絡調整機能を強化することを目的とし、2014（平成26）年10月、福生学園と一体となっていた、法人本部機能を独立させました。

　2010（平成22）年に、昭島市保健福祉センター内にあった事業所を、在宅福祉サービス部として、在宅福祉機能を創造していく機関として設置し、相談支援事業、就労支援事業等、市をまたいで事業が展開されていき、保健福祉センター内の事業を実施しながら、展開していく事が難しくなってきて、独立した機関の設置が必要となってきました。また、法人の事業数も増加を続け、法人総務機能、経理機能、人事機能の一本化が求められることとなり、2013（平成25）年より法人本部事務局設置に向けて、準備がスタートしました。

　2013（平成25）年10月には準備室を設置し、各事業所に属していた事務員の組織化を構想し、集約を目指すこととなりました。また、同時進行で、福生学園内にあった防災棟の1階ピロティ部分に、法人本部棟を増築し、福生学園の管理事務室と分離することとし、準備期間を経て、2014（平成26）年10月、役員室、相談コーナー等を備えた法人本部事務局を設置することができました。

　法人本部組織を形成していくため、法人本部事務局の機能を、①理事会及び理事長のもと、意思決定への情報収集・整理分析・提案・調整等の機能を有する法人本部機能、②法人全事業の総務、経理、人事等の調整、コントロールをつかさどる事務局機能、③法人の事業展開を検討する経営企画機能、これらを

有する部署として、法人本部事務局を置いたのであります。

【総務】

　法人の根幹となる理事会及び理事長に寄り添い、理事会の運営を補佐し、また、理事会他、意思決定を要する会議の式次・資料等の準備、記録を行い、法人の意見集約・意思決定をサポートしています。また、法人の根幹となる規則・規程等を整備・管理し、時代に合わせ変更をかけ、維持することに努めています。

　現在、法人全体の利用業者との契約・委託の手続き・管理、公官庁への届け出類の申請・管理等、一括管理に向けて業務を行っているところです。

【人事】

　福生学園開設からスタートしたあすはの会も、複数の事業所を有し、様々な職種の職員を採用する法人となってきました。

　求人や採用方法も、折込、WEB 媒体など、様々な形態に変化し、また、求職者についても、時代とともに、必要とする育成・教育の仕組みも変化しています。法人の考える職員像も、時代とともに変化し、また、職種も多様化しており、きめ細やかな対応が必要となってきております。

　こうした中で、事業所ごとに行ってきた採用・育成の在り方を、法人本部にて採用を実施し、法人本部の把握の元、個々に研修を計画するなど、きめ細やかな採用から育成の仕組みの構築を進めてきています。

　また、職員の福利厚生も、法人本部が中心となり、産業医の職場巡視やストレスチェックの実施とその後のフォローを行い、職員が安心して働ける職場づくりを進めているところです。また、残業マネジメントを管理職に定期的に働きかけ、職務の偏り、職務改善等に努めながら、長く勤められる職場環境を整えています。

【経理】

　2015（平成27）年度の新会計基準の移行に時期を合わせ、各施設事業所単位でおこなっていた会計処理を、法人にサーバーを置き、会計拠点をネットワークでつなぎ、一括処理ができるようシステム変更を行いました。それに伴い、経理処理を法人本部に集約できる体制が整い、併せて事務職員の法人集約を進め、各事業拠点より経理業務の分離を諮ってきているところです。

　これにより、予算及び執行の一括管理、決算・月次推移等の把握、4半期ごとの経営状況分析等の動きがタイムリーにできる体制化を整えてきました。

【経営企画】

　法人の進む方向に合わせ、情報収集、分析、企画立案、交渉等を行っています。また、その時々の時世、ニーズに合わせ、経営計画への反映、変更等を行い、推進・実現をリードするようにしていきます。

　2018（平成30）年度より昭島市児童発達支援センター（現在の子ども発達プラザホエール）の建設から開設に向け、企画、交渉、実施を行い、設置にこぎつけました。また、2021（令和3）年度より武蔵村山市の地域生活支援拠点となる共同生活援助事業所（現在のハーモニーむらやま）の用地取得、建設、そして開設に向け、各方面との調整・交渉、企画、実施を行い、開設に至ったところです。

　現在も、法人の取り巻く各地域のニーズを拾い上げ、情報収集、企画交渉等を行いながら、社会福祉法人としての使命、社会貢献を果たすべく、取り組みを進めています。

【臨床芸術研究所】

　臨床芸術研究所は、あすはの会の理念に基づき、文化活動に関する総合的な研究を図ると共に、文化活動の交流に寄与することを目的とする。（規程第2

条）

　福生学園の創設より大切にしてきたものとして、障害者の文化活動があります。一つは創作・芸術活動。一つは音楽療法。法人30年の中に、利用者の個性的な作品が生まれています。また、音楽療法を通し、利用者のことば、リズム、感性の中で曲が生まれることもあります。これらを支えた職員が学びや発信のため、施設事業所をまたいだコミュニティとして活動を続けています。これらをまとめ、定期的な発信を目指し、臨床芸術研究所を法人本部内に設置しています。

　新型コロナウイルス感染症の中で、コミュニティは動けど、研究所は歩みを現在止めており、また、障害者文化の担い手を集め、再開をめざしていきたいと考えています。

（２）　今後の事業の展望

　2013（平成25）年に、長期12年経営計画を策定し、３年ごとに見直しながら、第４期を迎えており、時のニーズに添い、変更をかけながら、各種の事業を展開してきました。これまでを踏まえ、次期計画をどのように描くのか、課題となっています。

　法人本部事務局として蓄積した情報、データをもとに、また、これからの収集を踏まえ、今後の方針策定、計画策定に寄与できるよう準備を進めていきたいと考えております。

　経営計画には、人事政策、財務・資産管理、経営戦略。これら各種ニーズの実現度による優先順位づけ、それらを短期スパン、長期スパンで組み合わせたスケジュール化が必要となると思います。

　これらを理事長以下役職員の意見を聞きながら、調整を行い、根幹となる計画を完成させ、その実行及び執行管理を行っていく事で、法人の発展、継続につながるものと考え、法人本部事務局の果たすべき役割ではないかと考えると

ころです。

　5年後10年後、さらに地域に根を張り、さらに地域に貢献できる法人となれることを願い、人を作り、場所を作り、資金を作り、安定した事業を作るため、法人を広く把握し、最新の情報を把握し、分析から提案の出来る法人本部事務局として機能させていきたいと考えています。

2　福生学園・福生あらたま寮

白石　良（施設長）

（1）　事業概要

＜福生学園＞

① 種別　：施設入所支援事業・生活介護事業・短期入所事業

② 設置年：1994（平成6）年10月

③ 所在地：福生市熊川1600－2

④ 定員　：施設入所支援：40名　生活介護：45名　短期入所：1名

＜福生あらたま寮＞

① 種別　：共同生活援助

② 設置年：1994（平成6）年10月

③ 所在地：福生市熊川1600－2

④ 定員　：6名

（2）　事業内容・特色（福生学園/福生あらたま寮）

①成り立ち

　福生学園は、あすはの会の法人設立と時同じくして、1994（平成6）年10月より、当時の精神薄弱者福祉法（その後の知的障害者福祉法）に基づく、精神薄弱者更生施設として運営を開始しました。また、同じ建屋に、福生あらたま寮が都型生活寮として、福生学園に合築した形で同時期に運営を開始しました。

　まずは、福生学園から、その事業の内容、並びに特色について触れます。

　福生学園は、制度の変遷があり、現在は、障害者総合支援法に基づき、障害者支援施設として運営しており、事業は「施設入所支援」と「生活介護」、「短期入所」の三つの事業を行っています。

　次に、福生あらたま寮は、設立時は、都型の生活寮、2006（平成18）年、当時の自立支援法制定時に、運営形態変更の舵切をし、現在は、障害者総合支援法に基づき「共同生活援助＝グループホーム」として事業を行っています。

②二つの事業に託された願い

　この二つの事業は、いずれも、親亡き後の終の棲家、と云う命題のもと、法人のメインテーマとして立ち上げられ、四半世紀を越える時代の成熟の中で、そのあり方も緩やかに変化しております。

　2022（令和4）年福生学園と福生あらたま寮が福生市と「地域生活支援拠点」の機能の一部について、協定を結ぶこととなりました。地域を含めて、施設、寮に住まう利用者の皆さんの親亡き後を考えていくだけでなく、施設が確かな福祉拠点として、地域においても力を発揮していく役割を担っていくことになりました。

③変化していく「終の棲家」の在り方

　福生学園、福生あらたま寮とも、法人の歩みとともにここで開設から30年となり、利用者も齢を重ねてきました。現在の利用者の平均年齢は、福生学園が55歳、福生あらたま寮が51歳となっており、厚生労働統計協会編の厚生の指標によると、55歳以上を高齢障害者として示しており、福生学園では、早くもその領域に届いております。

　コロナ禍で生活の不活性化による利用者の虚弱化の課題が浮き彫りになるなど、施設開設当初には想像していなかった状況に直面しており、終の棲家に対するとらえ方も大きく変化しているように思います。

④親亡き後の終の棲家、第二章へ

　次に、福生学園・福生あらたま寮の各事業を紹介しつつ、地域社会との接点、

親亡き後の終の棲家の在り方の次の局面の展望について説明していきます。

【施設入所支援】（福生学園）

　障害者総合支援法第5条を根拠法として設置・運営されている障害者支援施設のサービス体系の一つで、定員40名、後述の生活介護の時間帯以外の利用者の生活面の時間帯でのサービスの提供となります。

　土曜日と日曜日の全日、平日の20時から翌5時までの時間帯を通して、入所されている皆さんの入浴や排せつ、食事等の生活場面全般において、必要な生活上の支援を行います。

【生活介護】（福生学園）

　前述の施設入所支援の提供時間以外の時間帯において、主に日中活動を通して、入所されている皆さんが自立した日常生活や社会生活を営むことを目的として提供される支援です。また、福生学園では、この生活介護事業を地域にお住まいになる方にも門戸を開いており、入所定員に5名プラスする形で事業を行っています。

【短期入所】（福生学園）

　地域で生活している知的障害のある方に対して、自宅でその方の介護を行っている方が病気などの理由によって急遽介護を行うことができない場合や、介護者の休息を目的としての役割で、施設入所に準じた支援を受けることができます。

【共同生活援助（グループホーム）】（福生あらたま寮）

　入所施設に合築した福生あらたま寮は、夜間のみのサービスで、既述の施設入所支援に似ております。障害者支援施設が、生活介護（日中場面の支援）と一体として居住されている皆さんの生活を支えているのに対して、共同生活援助では、日中のサービス（一般就労や福祉的就労等）をご自身で選んで利用している形になります。

（3）　今後の事業の展望
〜福生学園・福生あらたま寮、建屋抱える二つの事業のこれから〜

　福生学園、福生あらたま寮は、法人の歩みとともに、事業開始30年を迎えようとしています。

　この30年で、施設、グループホームに住まわれる利用者、家族は年齢を重ね、福祉を取り巻く環境は大きく変わり、我々もめまぐるしい法制度の変更に汲々とする中で、否応なく、設立当初に描いていた終の棲家の在り方にも変化の兆しが見えてきました。

　2015（平成27）年には、高齢化対応の施設づくりに向けて、都外の施設見学を行い、その後、2022（令和4）年から、施設・寮のある福生市と地域生活支援拠点の協定を結ぶなど、親亡き後の終の棲家を、施設単体ではではなく、地域全体で支えていき、地域で生活する当事者やその家族に対しても、頼れる支援の拠り所として、我々の専門性を発揮していくことで、お互いにとってメリットのある協働の一つの形が見えてきました。

　また、2023（令和5）年5月に武蔵村山市の福生第二学園・三ツ藤あらたま寮の近傍に開設したグループホーム「ハーモニーむらやま」の事業開始により、福生第二学園と三ツ藤あらたま寮の合築は解消いたしました。

　この「合築解消」はグループホームが、本来施設とは別に運営すべきという規則の変更に沿う形にしていくというミッションだけではなく、施設、グループホームに住まわれている皆さんの、居住の場を新たに見直していく意味でも、三ツ藤と福生、それぞれグループホームからハーモニーむらやまに転居される方ばかりではなく、福生第二学園からハーモニーむらやまに居を移される方、三ツ藤あらたま寮、福生あらたま寮から福生第二学園を選ばれる方もおりました。転居だけが目的ではなく、一人一人のそれぞれの暮らしぶりを見守っていく中で、本人、ご家族、職員が、先々に思いを巡らせ、よりよい生活を願う中で、柔軟かつ慎重に選んでいくことを続けていく姿勢を示す意味となって

います。

　福生学園に合築する福生あらたま寮についても、今、住まわれているそれぞれの利用者のニーズにあった居住施設を選んでいくという切り口で、法人の重点課題として取り組んでいるところです。

3　福生第二学園

熊谷浩二（施設長）

（1）　事業概要

　福生第二学園は1999（平成11）年３月に開設され、施設入所支援事業・生活介護事業・短期入所事業を行っている施設です。所在地は武蔵村山市にあり、定員は施設入所支援：40名　生活介護：54名　短期入所：２名となっています。

（2）　事業内容、特色

　先ずは福生第二学園のある武蔵村山市の特徴に触れたいと思います。武蔵村山市は東京都の多摩地区の北部、狭山丘陵を挟んで埼玉県に隣接するに場所に位置する自然が豊かなところです。人口は約７万人（2023（令和５）年10月現在）。東京都内で唯一鉄道の駅がない市ですが、現在多摩都市モノレール（多摩動物園や立川などを結ぶ）の延伸計画が進んでおり、10数年後、駅が完成すると市自体が大きく変わっていくと思います。

　そんな武蔵村山市の中で福生第二学園は市内のほぼ中央に位置し、周辺は田畑を残しながらも一戸建ての住宅街もあるところです。

　福生第二学園は前述の通り、来年（2024（令和６）年）で25周年を迎えます。

　2023（令和５）年10月現在の入所者の構成は次の通りです。男性25名、女性15名。年齢は24歳〜65歳で、平均年齢は約49歳になります。

　障害種別は知的障害40名（うち身体障害者手帳所持者は３名。精神障害者保健福祉手帳所持者は１名）。療育手帳程度は最重度・重度が34名、中軽度が６名、障害支援区分６が８名、区分５が20名、区分４が12名と重度の方が多くなっています。

　施設の建屋は３階建てで、１階が男性の生活棟と食堂、男性浴室などがあり

ます。2階は男性と女性の生活棟（男女の区切り部分は、夜間戸を閉めています）と女性の浴室、機能訓練室（運動が出来る体育館様のスペース）、作業室などです。3階は通所室と音楽療法室です。

　ここからは施設の特色的なところに触れたいと思います。

　先ずは日中活動です。日中を如何に充実した生活を送れるかは、非常に重要と捉えています。そこで2021（令和3）年より日中活動活性化プロジェクトを立ち上げて、より良い日中活動提供を常に検討するシステムを構築しています。

　その中で現在行っている日中活動は主に以下のような内容になります。

　あすはの会のアイデンティティでもある音楽療法については福生第二学園も開所以来継続して音楽療法士を配置しています。音楽療法専用のスペースである音楽療法室、使用する多種多様な楽器を置く準備室、音楽療法の実践をマジックミラー越しに観察することが出来る音楽療法観察室などの設備を使い、目的によって意図的な小人数グループでのセッションや1対1の個別セッションなどを行っています。また、セッションで活かされた支援方法を生活支援員にも反映することで日常生活の中でも支援方法として生かされているのが特徴的です。

　創作活動では障害特性上、視界を限定することで集中し易くなる利用者さん用に壁に向かって席を作り、両側にパーテーションを置き、半個室化する工夫をしています。そこではボールペンの組み立て解体作業や廃棄する雑紙のシュレッダー作業、ビーズ通し、刺し子、パズル、文字の練習、絵画製作など個別のニーズに応じた作業内容を行っています。

　運動では機能訓練室での室内運動やマイクロバスで近隣の公園に出かけてからの散歩なども行っています。2021（令和3）年に利用者さんに聞き取りをした際、「外に出たい」という意見が多かった為、様々な形で学園外に出ることを進めています。

　これらが所謂レギュラーの活動で、それ以外にも季節に因んだ活動を行っています。新年会、豆まき、プチ縁日、スイカ割り、学園祭、ハロウィン、クリスマス会、忘年会等々、毎年趣向を凝らしながら実施しています。また、利用者さんには受け身ではなく、季節行事の準備、物販がある時は売り子役にもなって頂くなど主体的に関わって頂けるようにしています。

　続いて、職員の勉強会についてです。毎月１回以上、定期的に勉強会を開催しています。テーマは障害の基礎知識や介護技術、感染症対策、人権擁護・虐待防止、口腔ケア、コミュニケーションスキルなど多岐に渡ります。これらは外部講師を招聘する場合もありますが、職員が自ら講師役になって行う場合もあり、受け身ではなく、より主体的に勉強しています。

　通所利用者の受け入れについては現在、14名が登録されており、毎日10人弱が家庭やグループホーム等から通って来られています。送迎は車両２台で武蔵村山市内と近隣の瑞穂町まで送り迎えを行っています。通所利用者用の部屋がこれまで手狭だったこともあり、2021（令和３）年に場所を変え、今はより広いスペースを使うことが出来るようになりました。

　他事業所は閉所していることが多い祝日も福生第二学園は開所している事から地域の利用者さんには大変喜ばれていることも特徴のひとつだと思います。

　日中の活動は新型コロナウイルス感染対策で３年ほど入所者、通所者を分けていましたが、現在は通常通り混在で活動に参加されています。

　尚、入所利用者さんの中には毎日10人弱の方が他の事業所（生活介護や就労B型）を利用している方もおります。

　施設内だけで生活が完結しないところも福生第二学園の特徴的な点だと思いますが、前述の通り通所利用者さんも通って来られることから、毎朝他事業所も含めた送迎車がたくさん往来しており、さながらバスターミナルのようです。

　最後に短期入所が２床あります。こちらについては地元武蔵村山市のみなら

ず、近隣の自治体の方（区部からの依頼もあります）の利用も多く、貴重な資源として極力必要な方に使って頂けるよう努力しています。

（3） 今後の展望

　2022（令和4）年、国連からの勧告で「施設から地域生活への移行を目指す法的な枠組み作り」とありました。今後、入所施設の在り方、存在意義が問われてくることが予想されますので、その点には注視していく必要がありますが、福生第二学園では3年前から事業計画の柱として「望まれる方への地域移行支援」と「地域の利用者ニーズに応えていく」ことを掲げており、方向性としては一致していると認識しています。

　これらの事業計画を進めていく為の方策のひとつとして、公道を挟んで向かいに建設（2023（令和5）年5月開所）したグループホーム「ハーモニーむらやま」との連携が挙げられます。福生第二学園の入所者の中には、グループホームでの生活が可能と思われる生活力を持った方がおりますが、生活経験が不足している為、移行に踏み切る意思の確認が難しい現状にあります。そこで、地域生活支援拠点機能を有したハーモニーむらやまで実際に生活体験を行って頂き、その上でご本人に選択して頂くことが出来るのではないかと考えています。

　もうひとつは地域のニーズに応えていく点ですが、前述したようにモノレールが完成した際には人口増加など市自体が変わっていくことが予想されます。その時には市全体でニーズに応えていけるようにする必要があります。その中で福生第二学園（ハーモニーむらやま含め）も社会資源として提供するだけでなく、武蔵村山市のまちづくりの中に積極的に加わっていきたいと考えます。それが今後の入所施設の存在意義になっていくのではないかと考えます。

4　子ども発達プラザ　ホエール

堀越　修（施設長）

（1）　施設・事業所種別、法的根拠、設置年、所在地、定員

施設名称：子ども発達プラザ　ホエール

児業種別：児童発達支援センター

法的根拠：児童福祉法第43条で定められた児童福祉施設

設 置 年：2020（令和2）年1月開所

所 在 地：昭島市つつじが丘3－3－1

定　　　員：児童発達支援事業24名、放課後等デイサービス事業10名他

エントランスホール

（2）　事業内容、特色

　昭島市の児童発達支援センター詳細計画をもととし、昭島市の運営事業者の公募参加を経て、2020（令和2）年1月より、運営を開始しました。開設と同時に、新型コロナウイルス感染症の流行が起こり、それより3年間、十分な事業実施が出来ず、2023（令和5）年になり、ようやく各種の事業が平常な運営に近づきつつあります。

　当事業所は、児童発達支援事業、放課後等デイサービス事業、保育所等訪問支援事業、障害児相談支援事業を実施する昭島市における児童発達支援センターとして開設し、その他、昭島市より、親子発達支援事業、要配慮児童一時預かり事業の2事業の受託を受け、運営に当たっています。昭島市の児童発達支援分野のセンター機能として、地域支援の展開が求められ、現在、昭島市の関係部署と協議、連携のもと、内容役割の確定を進めているところです。

【児童発達支援事業】

　児童発達支援事業は、基本週5日通う日中通園（10：00〜13：30送迎あり）が1日定員20名、週1回幼稚園・保育園と併用しながら通う午後通園（15：00〜16：30送迎なし）が1日定員4名で事業を実施しています。

　日中通園は、幼稚園同様、食事を挟み、日中を過ごしてもらい、その中で、小集団での活動、個別活動を、保育士の他、作業療法士、言語聴覚士、公認心理師、音楽療法士、造形講師等の専門スタッフの助言、プログラム参加により早期の療育支援を行い、法人の特色でもある音楽療法を織り交ぜるなど、一人ひとりの発達に合わせた療育に取り組んでいます。昼食の提供では、食育、動

感覚統合室

感覚統合室

療育活動

作指導・嚥下指導等の取り組みを行い、四季に即した行事を実施し、豊かな感受性をはぐくむよう努めているところです。保護者家族支援として、懇談会開催の他、各種専門職による学習会の実施、個別相談の実施の取り組みも行っています。

　午後通園は、基本、幼稚園、保育園を利用している児童を、週1回通園させ、小集団での環境の中で、コミュニケーション関係や各種課題の取り組みを行いながら、早期支援を実施しております。

【放課後等デイサービス事業】

　放課後等デイサービスでは、対象者を小学生とし、療育支援を行っています。開所時間は15：00〜17：30とし、作業療法士、公認心理師、音楽療法士等のプログラム支援の下、日々の療育を行い、また、季節行事に向けて、創作活動を展開し、その制作物を行事の中で使用し、一連の繋がり・見通しを意識した療育を行っています。開設より現在まで、児童発達支援事業との兼ね合いから、送迎サービスを行っておらず、自主通所・保護者家族の送迎をお願いしており、利用枠には余裕があり、開所の在り方についても検討しているところです。

【保育所等訪問支援事業】

　この保育所等訪問支援事業は、受給者証を取得している幼稚園・保育園や学校・学童等へ通う児童に対し、専門の職員が、その児童の通う施設、学校等に出向き、職員等への支援を行う事を目的としている事業です。保育・支援の在り方、動作・咀嚼・言葉・気になる行動の調整等、多岐にわたる相談への対応が可能です。開設より、新型コロナウイルス感染症の長期化で、施設、学校等への訪問が出来ない時期が長く続き、事業として動き切れていないのが現状であります。

　また、利用にあたっては、児童家族の申し出と通所する施設・学校等の同意を必要とし、児童発達支援管理者による計画が必要となるため、利用そのものは限られており、多くのケースが、保育所等訪問支援事業を使わず、ケース会議や地域相談支援として、家族の同意のもと、直接、園と連携を持つケースが多くなっています。

【障害児相談支援事業】

　当センターの児童発達支援事業、及び放課後等デイサービスを利用する児童、または利用していた児童を対象に、計画相談支援を行っています。

　児童発達支援事業等のサービスを利用するために、サービス等利用計画を作成する必要があり、ホエールにおいても相談支援専門員を配置し、計画作成を行っています。計画作成に当たり、利用児童の保護者より依頼を受け、モニタリング・計画作成を行っています。その内容を踏まえ、行政より受給者証が交付され、障害福祉サービスを受ける事が出来る仕組みとなっているのです。

　現在、計画作成を希望される利用児童保護者が非常に多く、地域全体の計画相談支援事業所も新しく計画を書く事が難しい現状がみられ、家族自身で計画を作成するセルフプランが増えています。ただし、ホエールへの見学相談の段階から、保護者家族の状況により支援の必要性を見極め、行政と連携のもと、計画相談支援に入る見極めを行っています。

【親子発達支援事業（昭島市受託事業）】

　昭島市から委託を受け、乳幼児健診や幼稚園保育園等の施設で、発達が気になる子として捉えられた児童が、保護者と一緒に毎週、又は隔週で通所し、児童及びその保護者への療育支援を提供する事業です。また、保護者への学習会や個別面談を通し子育てについて学び、考える場の提供もしています。学習会では、保護者同士の交流を目的とした座談会やお子さんの理解を主眼としたペアレントプログラム等を実施しています。

　事業は半年を１クールとし、１・２歳児隔週２グループ、２・３歳児毎週１グループ、３・４・５歳児隔週２グループの計５グループがあり、各グループとも定員10名にて実施し、１クールごとに、保護者の変化等を子ども育成課児童発達支援担当の心理職に報告し、今後の支援につなげるように努力しています。

【要配慮児童一時預かり事業（昭島市受託事業）】

　児童発達支援事業の受給者証を取得している児童、及び昭島市親子発達支援

事業を利用する児童を、保護者の用事や休息のため、ホエールにて一時預かり保育を行う事業となり、保育士がマンツーマンで保育に当たっています。

【その他の取り組み　地域支援】

　現在、ホエールの職員が幼稚園・保育園等へ出向き、現場の職員との意見交換やアドバイス等の相談支援を行います。また、幼稚園・保育園等の利用に向けて、園の先生方を受け入れて、支援を見ていただくなど、相互での相談支援を展開し、また、行政との連携・役割分担の確認等の場として、連絡会を開催し、顔の見える関係を築き、双方向で連絡を取りあえるように努力しているところです。

（3）　今後の事業の展望

　ホエールは、開設と同時に新型コロナウイルス感染症に見舞われ、組織構築、地域連携構築を行うべき時期を逃しており、ようやく安心して取り組める時期となってきています。行政や関係機関それぞれの役割を再度確認し、改めて体制を確実に作っていく事を推し進めたいと考えています。加えて、医療職・専門職の役割を再整理し、個別支援や訪問支援等の体制を、確実に進めたいと思っています。

　ホエール開設より、新型コロナウイルスという特異な中、不十分な形となったが、地域に根差した児童発達支援センターとして、さらに地域の実情を把握し、貢献できるものにしていき、さらに、この実績の元、他地域も含めた児童発達支援分野へ貢献できるよう、広げていきたいと考えているところです。

5　みしょう

太田紋何（所長）

（1）　事業概要

　みしょうは昭島市昭和町にある昭島市保健福祉センター（愛称：あいぽっく）内で2001年（平成13年）10月より事業運営を開始いたしました。障害者総合支援法による障害福祉サービスである生活介護と昭島市受託事業（高齢者介護予防事業、障害者・子供ショートステイ事業、言語機能訓練事業）からスタートし、現在は就労継続支援Ｂ型、障害者相談支援センター事業、虐待防止センター事業の運営を行っております。昭島市の中心地にある公共施設内という恵まれた環境の中で子ども、障害、高齢者等の地域住民に対して多岐にわたり福祉サービスを展開しています。

【生活介護事業】

　生活介護とは、『障害者の日常生活及び社会生活を総合的に支援するための法律（障害者総合支援法）』において常時介護を必要とする障害者に対して主に昼間において施設などで入浴、排泄、食事の介護や創作活動、生産活動の機会の提供を行う事業です。みしょうの生活介護は身体障害者部門、知的障害者部門の２部門があり、それぞれの部門の定員は15名で合計30名です。現在、身体障害者部門13名、知的障害者部門11名の登録があり合計24名の方が通所されております。年代も幅広く、20代から50代までの方がご利用され、年齢や性別関係なく、毎日楽しく和気あいあいとした雰囲気の中で活動に参加されています。市内の生活介護事業では数少ない医療ケアが必要な方も通所が可能な事業所である事もみしょうの特色の一つです。看護師を多く配置し安心して安全に利用していただいております。

　特に利用者の皆さんが楽しみにしている活動は音楽療法や水浴活動、行事で

す。音楽療法は法人の特色の一つでもあり、音楽療法士によるプログラムに沿って音楽活動を行います。水浴訓練はあいぽっくにある温水プールを利用して週１回活動を行っています。行事は季節に合わせ、室内ブドウ狩り体験やハロウィンの仮装行列、クリスマス会などを開催しています。

　生活介護事業は部門でそれぞれの名称があり、つつじ（身体障害者部門）、もくせい（知的障害者部門）とし、昭島市のシンボル花と木の名称を使用させて頂きました。春には市内の至る場所でピンクや赤のつつじが美しく咲き誇り、秋にはもくせいの花の心地よい香りが街中に漂います。まさに昭島を表す部門の名称となっています。

【就労継続支援 B 型事業　喫茶モンパル昭島】

　喫茶モンパル昭島は就労継続支援 B 型事業として2010（平成22）年４月より運営を行っております。就労継続支援 B 型とは障害者総合支援法において、雇用契約を結んでの就労が困難である障害者に対して、主に日中に就労や生産活動の機会等を提供する事業です。現在喫茶モンパルでは定員10名の内、５名の知的障害のある方が就労をしています。年代は20代から40代まで、女性３名、男性２名の登録となっており、利用者の皆さんは自宅や他市のグループホームから公共交通機関を使って出勤し、勤務時間は９時から16時までで、朝会で身だしなみチェックや挨拶の練習を行い、開店準備、接客、配膳、館内配達、食器洗いなどの仕事をします。お昼時になると店内はお客様であふれ、大変忙しい時間となりますが、利用者の皆さんはテキパキと自分の決められた仕事をこなしています。前回の第三者福祉サービス評価では利用者の皆さんの接客や勤務態度が素晴らしいとの評価をいただいたほどです。

　また、利用者同士の交流や社会経験のための工房との合同でのパン作り体験や外出行事も行っております。2023年度は久しぶりに浅草での外出行事を実施し、皆さん楽しいひと時を過ごしたようです。

【昭島市委託事業　相談支援センター・障害者虐待防止センター事業】

　昭島市障害者相談支援センターは2011（平成23）年4月より事業運営を開始いたしました。市から委託を受けた相談支援事業所は当事業所を含め市内に3か所ありますが、市の公共施設内に事業所があるという利便性と全ての障害種別に対応している事もあり、多くの方々にご利用いただいております。現在、相談支援専門員を5名、相談員を2名配置し、障害のある方へのサービスの利用などの福祉にかかわる全般的な相談、サービス調整、サービス等利用計画作成等幅広い支援を展開しています。障害福祉のサービスだけでなく地域資源の活用や各関係機関との連携を大切にし、個々のライフステージに沿った支援をさせていただいております。また、昭島市障害者相談支援センターは昭島市虐待防止センター事業も運営しており、虐待通報受付窓口として、24時間365日相談員が対応をしている他に、市内障害福祉サービス事業所に対しての研修の開催、虐待防止の啓発活動も行っています。

【昭島市委託事業　介護予防事業　元気アップ教室】

　昭島市介護予防事業は2001（平成13）年10月より事業運営を開始いたしました。市内にお住いの65歳以上の健康な高齢者を対象に、いつまでも生き生きと自立した生活を送っていただけるように、身体機能の維持や認知症予防を目的とした活動を行っています。数年前に事業名を『あきしま元気アップ教室』にリニューアルし、利用者の皆様にも親しみやすく、わかりやすい名称にしました。その効果もあってか、多くの方々にご利用していただいております。

　事業内容は元気アップ体操、マシントレーニング、音楽療法の3つの活動を提供しており各クラス定員10名です。元気アップ体操は椅子に座りながら出来る軽体操です。タオルやボール等の道具を用いての体操や曲に合わせた体操を行います。終盤には水前寺清子さんの『365歩のマーチ』に合わせて全身体操を行いますが、途中に脳トレーニング要素を加えた体操が組み込まれており、利

用者の皆さんが混乱しつつも一生懸命体を動かしている姿が印象的です。

　マシントレーニングでは４台のマシンを利用し下肢、上肢の筋力アップを目指します。安全に正しいフォームでマシンを使用できるように職員が細かくフォームのチェック、ウエイトの調整を行います。マシントレーニングは特に男性を中心に人気がある活動です。音楽療法は認知症予防を目的としており、歌や楽器演奏などのプログラムを中心に行います。口の準備体操から始まり、童謡、唱歌、抒情歌などの季節に合わせた曲を合唱、楽器演奏を行います。ただし、普通に歌唱、楽器を演奏するのではなく、歌詞が一部隠れている、似たような曲を同時に歌う等、脳のトレーニング要素を取り入れ、注意力や記憶力の低下予防を目指します。これらの活動に参加することにより健康維持、認知症予防の目的だけでなく、外出の機会や仲間との交流の時間を得ることができ、高齢者の社会参加の促進に繋がっていると実感しております。

【昭島市障害者・子供ショートステイ事業】

　保護者の仕事や病気、冠婚葬祭、レスパイト等で緊急に一時保護が必要な際に、障害のある方やお子さんを対象にショートステイ事業を実施しています。利用者の皆さんが安心して過ごしていただけるように介護福祉士や保育士等の専門職を配置し、環境の整備に努めております。

【昭島市言語機能訓練事業】

　発育段階で言語に課題があるお子さんや脳梗塞等での後遺症により言語機能障害がある方に対して言語聴覚士による相談と訓練を実施しています。

（２）　今後の事業の展望

　昭島市や各関係機関と連携しながら、昭島市の基本理念である「ともに支えあい　地域で安心して暮らせる　あきしま」の実現に向けて、地域住民の交流

の機会や障害者の社会参加と障害理解の促進等、事業の運営を通し共生社会の形成に当事業が貢献できるよう地域のニーズに寄り添い、質の高い福祉サービスの提供をしていきたいと思います。

6　障害者就労プラザあいあい、パン工房モンパルふっさ

伊藤健一（所長）

（1）　就労支援事業のあゆみ

　「パン工房モンパルふっさ」は、1994（平成6）年4月に入所利用者が施設外に出て、生産活動を通して様々な経験を積むことができ、地域の方々と自然な形で交流出来る場所として「パン工房モンパル」を開設。2010（平成22）年9月1日から就労継続支援B型の定員10名で東福生駅北口を出て徒歩1分の場所に店舗をかまえ事業運営を開始しました。

　「障害者就労プラザあいあい」は、あすはの会が培ってきた障害者のさまざまな創作活動をベースに、こうした創作活動が就労の部分と重なることを目指し、昭島市の特徴である、きれいな水という地域資源を活用して藍染めの創作を取り入れ、地域の方々にも広く来てもらい、地域の方々や子どもたちの体験や学習の場として2011（平成23）年10月1日から就労継続支援B型（14名）就労移行支援（6名）の定員20名で昭島市環境コミュニケーションセンター2階での事業運営を開始しました。

　2021（令和3）年3月末で就労移行支援事業は終了となり、全て就労継続支援B型に変更をしました。さらに就労事業所を再編して、主たる事業所に「障害者就労プラザあいあい（以後あいあい）」20名、従たる事業所に「パン工房モンパルふっさ（以後モンパルふっさ）」10名、合計30名定員にして、現在まで事業運営を行っています。

　「あいあい」「モンパルふっさ」を利用される方は、特別支援学校卒業後の進路、別の就労事業所から異動、一般就労へのチャレンジを目指したい、一般就労が困難になった、就労経験がない方など様々で、自治体からの訓練等給付費の支給決定を受け、ご本人のご希望に沿う形で個々の状態や特性に合わせて、週5日終日利用されている方から、新規で利用開始された方などは慣れるまで

半日のみの利用、週1日、週3日など利用日数や時間など細かく対応しています。利用者の平均年齢は39歳で、18歳から71歳までの方々が在籍されており、10年以上継続されている方が9名おります。

　利用要件としてご自身で通所することが可能な方が対象ですが、送迎を希望されるニーズがあり、近年では拝島駅まで送迎を行っています。

（2）　作業内容について

・藍染め（あいあい）

　昭島市は、古くから絹の集散地として、また「水のきれいなまち」として名高く、昭島市の特徴を活かした地域資源を活用した就労継続支援B型として全国でも大変珍しい藍染作業を、市内で実際に藍染工房を行っている郷土作家の形山先生を講師として指導を仰ぎながら、化学染料は一切使わない自然素材のみで江戸時代からの伝統的方法「天然灰汁発酵建て」で行っています。天然発酵建ての為、形山先生管理のもと、365日欠かさず藍の状態や体調、温度管理を行っております。

　藍染作業は「あいあい」で週3回の午前中に形山先生の個別指導で藍染ガー

ゼハンカチを創作しています。大変人気があり希望する方がハンカチの柄を考え、先生に個別指導を仰ぎながら楽しく行っています。

・内勤作業（あいあい）

　内勤作業としては、ダイレクトメール、ギフト用の箱折り、缶バッチが中心で、時期によっては近隣のコインパーキング清掃（草取り）を行っています。市からの受託作業として導線剥離・携帯電話電池分解、屋上清掃など、集中力や丁寧さが必要で利用者の皆さんの特性に合わせて様々な作業に取り組んでいます。

・菓子製造（モンパルふっさ）

　「モンパルふっさ」で主にクッキーやマフィンの菓子製造が中心で、原材料の計量、生地作り、成型、梱包・袋詰め、洗い物・清掃、ラベルデーター入力も行っています。基本立ち仕事で体力や集中力が必要とされますが皆さん一生懸命に作業に取り組んでいます。

・販売補助（モンパルふっさ）

　店舗での接客業務の補助が中心で、焼きあがったパンの袋詰め、喫茶コーナーや入所施設の配達等も行っています。毎月定期的に行われている福生市役所や高齢者施設での訪問販売、あきる野特別支援学校の先生方を対象とした訪問販売には、利用者の皆さんも交代で同行し、接客として元気よく挨拶し笑顔で販売を行っています。

（3）　利用者交流

　事業所間での利用者交流も積極的に行っています。

　2022（令和4）年は「モンパルふっさ」を利用されている方が、「あいあい」での作業を希望して1週間の職場体験を行いました。「あいあい」を利用されている方が、「モンパルふっさ」で作業見学を行い、パン購入などで交流を深めています。

（4）　今後の展望

　国の障害者就労支援施策は、一般就労への移行推進、働く場としての工賃向上が言われています。

・一般就労への移行推進

　現在、Ｂ型事業所は全国約14000か所あり、登録者が全国で約26.9万人です。毎年特別支援学校より就労系サービスを利用する方が約7000人、就労系サービスより一般就労される方は約22000人で年々増加傾向にあります。

　「あいあい」では2011（平成23）年から2021（令和３）年の10年の間に８名の方を一般就労に繋げることが出来ています。就労継続支援Ｂ型の利用からでも就労を希望される方、能力の高い方、チャレンジしたい方には、関係機関との連携を強化しながら、引き続き取り組んでいきます。

・働く場としての工賃向上

　利用者の工賃は、全国では時給で200円未満の事業所が半数、400円未満では９割近くを占めており、月間の工賃収入が平均以下の事業所が６割以上を占めています。

　東京都平均工賃レベルは全国より高い水準ではありますが、「あいあい」「モンパルふっさ」は、それより低く「利用者作業の質や量」を考えると適正とも言えますが担当職員の多くは、働く場として工賃水準の低さに問題意識を持ち、工賃を引き上げるため様々な努力を行っています。しかし、近年の急激な物価高騰や水道光熱費の高騰、内勤作業の低単価は工賃向上の妨げになっています。工賃向上のための作業内容や種類の見直し、製品の販路拡大、徹底した原価管理などに取り組んでいく必要があります。

　就労への施策や利用者の意識、利用状況は様々で、こうした当事者からの要望やニーズの把握に努めるためには、職業支援や生活支援を含めた高い専門性が重要だと思われ、そのような人材の育成や配置が重要と考えます。

　開設より「地域との繋がり」を大切にしている事業所なので、これからの５

年、10年を見据えて地域との繋がりを大事にしながら、利用者一人ひとりが就労を通して地域の一員として安心して暮らせる、生活を送れるような事業所を全体で目指していきたいと考えています。

7　ハーモニーむらやま

三田村達弥（所長）

（1）　事業概要

　ハーモニーむらやまは共同生活援助、短期入所、特定相談支援事業所みつふじを運営しております。あすはの会の中では一番新しい事業所であり、2023（令和5）年5月1日付けで認可を受け、オープンいたしました。場所は武蔵村山市三ツ藤にあり、都内とはいえ狭山丘陵などに隣接した自然豊かな土地柄です。

　共同生活援助の定員は18名です。内訳は6名×3ユニット、内1ユニットは女性ユニットになります。短期入所の定員は2名で男女ユニットに1室ずつ専用室を備え、両事業を合わせますと最大で20名の方がご利用できます。

　施設内には特定相談支援事業所みつふじがあります。2013（平成25）年度に福生第二学園内に開設した相談みつふじはハーモニーむらやま開設と共に活動場所を移動しております。相談みつふじでは地域の方が障害福祉サービスを利用するためのサービス等利用計画を作成し、そのモニタリング等を行いながら利用者の皆様がよりよい生活を送れるよう支援しています。

（2）　事業内容

　共同生活援助は住まいの場として、主に夜間の日常生活の支援を行います。ハーモニーむらやまをご利用の皆様は、日中は武蔵村山市内外の生活介護事業所や就労継続支援B型事業所等に通われています。夕方、各事業所から戻られ、また翌日に通所されるまでの間、食事、入浴、洗濯、整容、その他身支度など、極力ご自身でやって頂けるように支援しています。このような日常生活上の支援に加えて、日々の困りごとや生活に関するご要望などについての相談ごとなど、お一人お一人の生活が、人生が、より豊かになるような支援を心掛けてい

きたいと考えています。

　短期入所事業は緊急時の受け入れやレスパイトの他、将来グループホームの利用を考えている方の宿泊体験などの利用を想定して運営しています。

　その他、施設内に備えられた多目的ホールは内部、外部に関わらず、広く活用の場を広めていきたいと考えております。現在、利用者の皆様のイベント、職員会議、研修（あすはの会事例検討報告会含む）などを始め、市内の事業所連絡会、地域包括支援センターと共同運営しているお互い様サロン（高齢者の方を対象に法人音楽療法士による音楽療法を提供）などに活用しております。

（3）　今後の展望

　近年、障害者の方の地域移行、地域において安心して過ごすことのできる生活の場や支援体制が求められています。あすはの会の居住系事業所である福生学園・福生あらたま寮、福生第二学園、ハーモニーむらやまは協働し、それぞれの強みを生かしつつ、そのニーズに応えていきたいと考えています。新設や定員増はしない方針となっている支援施設は、入所施設としての機能だけではなく、障害者支援のスペシャリストとしてそのノウハウを地域移行の際の支援体制に活かされることを期待されています。ハーモニーむらやまは、グループホームでの地域生活を目指している方への支援や入居している皆様の地域との関わりの機会を増やすことによって障害者への理解が深まる取り組みを行っていきたいと考えています。

　ハーモニーむらやまでは将来グループホームでの生活を検討されている方へ、宿泊体験などの体験の場を提供しています。親元を離れての生活はご本人にとって環境が激変するわけですが、宿泊体験を通して少しでも見通しが立てられることで不安を取り除けたり、自信をつけたり、将来に向けて必要なこと・ものを知る機会になるよう努めていきます。短期間の利用から始めて少しずつ期間を延ばしていく等、ご本人の状況やご希望に合わせてご利用頂き、より多

くの方が地域生活に希望を持てるよう支援します。

　また、ハーモニーむらやまでは外部の方が気軽に出入り出来るよう常に垣根は低くありたいと考えています。多目的ホールのような資源を最大限活用し、将来的に地域の方に様々な形でご利用頂き、そこに利用者の方々が参画していく。同じ場所、同じ時間を共有することで楽しみながらお互いの理解が進む、そんなことを思い描いています。ボランティアの受け入れにも取り組み、とにかく外部の方を取り込んでいくことを目指していきます。

　居住系の事業所はその施設内で生活の多くのことが賄えます。それ故に内々で完結できることが多く閉鎖的になりかねませんし、ふと気づくと生活を支えることだけで安心してしまいがちです（勿論そこまでが大変な道程であることも多々あります）。そんな時、外部の方の目は我々の姿勢を正してくれる大きな一助になり得ます。

　障害者の方が地域生活を送るためには資源も必要ですが、共生していく地域の方々の理解が不可欠ではないでしょうか。いたずらに地域移行を進めても地域の障害者理解がなくては余計なトラブルを引き起こし、あらぬ誤解を生んでしまいかねません。ハーモニーむらやまが地域において開かれた事業所であることで少しでも障害者の方々の理解が進み、武蔵村山市が安心して地域移行を目指せる地域であると言われるように努力していきたいと思います。

（4）　利用者の皆さんについて

　利用者の皆様の現在の平均年齢は約49才。30代前半から70代の方までいらっしゃいます。

　30代の利用者Aさんは通所先から戻られると必ず「今日も1日頑張ったよ」「今日は半日寝ちゃいました…」と毎日必ず報告してくれます。普段から反省の弁が出やすいAさんですが、頑張った日はグータッチと熱い握手で嬉しそうに職員に報告してくださいます。

　利用者Bさんは50代で初の一人暮らし。これまではご自宅で暮らしており、身の回りのことを自分自身でやる機会が少なかったとのこと。しかし、ハーモニーむらやまではやれることはなるべくご自分でやって頂けるように、もしくは出来るようになるよう支援しています。入居前の面談時、コーヒーがお好きとのことでしたので、話の流れでインスタントコーヒーをご自分で淹れて頂きました。器用にコーヒーを淹れ、満足そうなBさん。「自分で淹れたコーヒーは格別ですね！」「これから色々なことが出来るようになるといいですね！」「ご両親に淹れてあげたら喜んでくれるんじゃないですか？」とひとしきり盛り上がったところで「まぁうちのはドリップタイプだけどね」と最後にオチまで付けてくれたBさんですが、入居後は人一倍のやる気でシーツ交換、洗濯、洗濯物干し等どんどん上手に出来るようになっています。「最初の頃シーツ交換の時に転んじゃったけどね」と笑って話してくれるBさんの笑顔はとても誇らしげで素敵です。

　Aさんは毎日お仕事に向かうこと、Bさんは生活力がどんどん増していることなど、毎日前向きに頑張っている姿がとても素晴らしいのですが、なによりもお二人ともそんな自分自身に喜びを感じていることに私は感動しました。いくつになっても自分自身の成長は嬉しいものですし、それを仲間と分かち合う様子、そんな日々のやり取りが私にこの仕事の尊さを感じさせてくれ、私自身の支えにもなっています。

　ここに書かせて頂いた内容はごく一部であり、皆様ひとり一人にエピソードがあり、ストーリーがあり、これからも紡がれていくことと思います。この感動に出会わせてくれたことに感謝しつつ、その人生の一部に関わらせて頂くことに責任と喜びを感じていけるような、そんな「ハーモニーむらやま」を目指していきたいと考えています。

III　あすはの会の特色ある実践

1　音楽療法

（1）　音楽療法の開始と福生学園音楽療法研究会の発足

　前田弘文初代園長の熱い想いにより、福生学園では1994（平成6）年の学園
開設とともに音楽療法を開始しました。ワンウェイミラーを備えた音楽療法専
用の部屋を設け音楽療法専従の職員を配置するなど、当時としては設備・人員
的にも稀に見る先進的な取り組みでした。翌1995（平成7）年には、専従職員
と施設内外の音楽関係者が集い「福生学園音楽療法研究会」を発足させました。

　音楽療法は今でこそ様々な施設等で行われるようになりましたが、当時は具
体的なプロセスについて手探りの状況であったことは想像に難しくありませ
ん。そうした状況において研究会では初代園長の方針により、音楽療法の取り
組みを施設内で終始させるのではなく、地域社会の方々に門戸を開き共に研鑽
を積むことによって広く普及・発展させることを目指しました。研究会はほぼ
毎月開催し、音楽療法及び関連分野で活躍されていた方々を講師としてお呼び
するとともに、利用者さんの協力を得て音楽療法の実践の様子を公開していま
した。実践を通して学ぶことができる他に類を見ない研究会は、全国から多く
の参加者が集う場となり、そこでは熱い学びをお互いが深めていくこととなり
ます。

　このようにして発足した研究会ですが、その後の10年という歳月の中では、
音楽療法を専門的に学ぶことのできる大学の設立や日本音楽療法学会の設立
（2001（平成13）年）など、音楽療法を取り巻く環境は社会的にも充実していき
ました。研究会としても、従来の会員とともに歩む形ではなく利用者さんに対

してより細やかに音楽療法を提供するために、学園内部での研鑽を重視する方向に目標を据えて再スタートすることとし⁽¹⁾名称も2004（平成16）年からは「音楽療法研究室」、2011（平成23）年より「音楽療法コミュニティ」と変遷し現在に至っています。

音楽療法コミュニティは、あすはの会の各施設の音楽療法士（2023（令和5）年現在5名）によって構成され、連携を図りながら主に以下の活動を行っています。

① 音楽療法士資質向上のための研鑽
　・音楽療法コミュニティ内での勉強会、及び日本音楽療法学会などが主催する外部研修への参加
② 法人内部研修の企画立案・実施
　・職員への音楽療法研修、及び講師を招き音楽療法士と生活支援の職員が共に学ぶことにより、職員全体の支援スキル向上を図る研修の実施
③ 音楽療法の実践に関する研究及び研究成果の発信
　・研究で得られた知見を、学会・関連領域・地域など広く社会に発信
④ 見学者（地域交流を含む）や音楽療法を学ぶ実習生の受け入れ
⑤ ホームページにおける音楽療法コミュニティコーナーの運営

以上のように、研究会は形を変えて現在に至りますが、発足当時講師として携わってくださった方、学んだ方、そして運営スタッフなど多くの方々が、現在、日本各地で音楽療法の多方面にわたって活躍されています。福生学園音楽療法研究会は「音楽療法の発展と実践の普及」を願った初代園長の熱い想いを実現したように思います。

（2）　音楽療法の対象者

あすはの会では、福生学園・福生第二学園・みしょう・子ども発達プラザホエールの各施設に音楽療法士が在籍しています。利用者さんの年齢は幼児から

高齢者まで幅広く、神経発達症、身体障がい、介護予防などその特性も様々です。音楽療法を実施するにあたり「音楽を対象者の健康に役立て、より良く生きるためのお手伝いをする」という大きな目標はゆるぎませんが、利用者さんは当然一人ひとりみんな異なります。そのため各人へのアプローチは実に千差万別です。各施設では、利用者さん一人ひとりに合わせた音楽療法が毎日実践されています。

　筆者は、2003（平成15）年から現在（2023（令和5）年）まで福生学園の利用者さんとともに音楽療法を行ってきました。次の項では、福生学園の利用者さんとどのような音楽療法の時間を過ごしてきたのか、事例を通してご紹介していきます。

（3）　福生学園における音楽療法の具体的活動例

※個人情報保護の観点から、年齢、性別等は実際と異なる場合があります。

【事例1　Aさん】[(2)]

(特徴) 60歳代男性、神経発達症。幼少期から人とのかかわりや社会的経験の機会が少なかったようで、人とどうかかわったら良いのか、何をしたら良いのかわからない状況だと思われました。自由時間は居室で寝ていることが多く、本人が自ら行動する場面はあまりみられませんでした。大きな声を上げ、顔を真っ赤にしながら自分の頭を手で激しく叩くという自傷行為が見られました。

(目標) 音楽行動を引き出す前に、まず「人とのかかわりは安心であること、そして楽しいものであることを経験する」ことを目標としました。

(活動および変化の様子)　人とのかかわりは安心であることを伝えるために、子守歌のようにゆっくりで哀愁をおびた曲を歌いながら職員と共に手と手をそっと触れ合うスキンシップを行うことから開始しました。初めは拒否する言葉がありましたが、1年ほど繰り返すと自分から「握手やる」と意思を伝えてくれるようになりました。2年目、3年目はAさんのために作製したオリジナ

ル曲^{※譜例1}でタンバリンを演奏したり、カバサやリードホーンを楽しむように なりました。その後も週に1度、約20分のセッションを15年ほど続けてきまし た。

【譜例1】♪ Ａさんのワルツ　全44小節より抜粋　東村由美子（作曲）2009

イラスト原田聖也

　近年Ａさんは逝去されました。Ａさんの人生の中で私がＡさんとご一緒した 時間はとても短く、Ａさんにとっても一瞬の出来事であったかもしれません。 しかし、セッションの中で見せてくれたＡさんの表情と行動からは、職員との かかわりを心地よいものとして受け止め、今まで経験することが難しかったで あろう「安心して人とかかわることとその楽しさ」を感じてくれていたように 思います。たとえ、音楽療法の時間が一瞬だったとしても「楽しかった」とい う「想い」はＡさんの心の中にずっと残っていただろうと私は信じています。

【事例2　Ｂさん】⁽³⁾

（特徴）40歳代女性、神経発達症。人が好きで人と関わりたいという気持ちが強 くあるものの、叩く・つねるなどの行動があるため、うまく人と関わることが 難しい状況でした。

（目標）人との関わりを好むＢさんが、適切な方法で人と関わることができる ように「適切なコミュニケーション行動の表出」を目標としました。

（活動および変化の様子）歌が好き、言葉でのやりとりが好き、人との関わりが

好きなBさんが楽しくコミュニケーションできるようにオリジナル曲[※譜例2]を作成しました。この曲は「ねぇねぇ」と相手に呼びかけるパートと、「なぁに」など返事をするパートから出来ています。「ねぇねぇ」と人に呼びかける際に、叩くのではなくBさんが元来持っている「優しく撫でる」という行動を活かすことにしました。すると、この曲を気に入ったBさんは、自分が優しく人に呼びかける（撫でる）ことによって曲が進行し、相手と楽しくコミュニケーション出来ることに手応えを感じたようです。回を重ねるごとに適切な方法でのやりとりが増えていきました。その後、生活支援の職員とも連携を図った結果、生活場面でも楽しくコミュニケーションする様子が見られるようになってきました。現在もBさんとの音楽療法を継続して行っています。

【譜例2】♪ねぇねぇソング　東村由美子・中川志乃里（作詞）/東村由美子（作曲）2020

【事例3　Cさん】

（特徴） 40歳代男性、自閉スペクトラム症。文字や数字を好み、またムードのある歌謡曲が好きで本人なりに歌詞をつけて歌っている様子が生活の中で多く見られました。しかし、そうした場面でも一人で楽しむ傾向が強く、人との関わりを持つ・楽しむ機会は極めて少ない方でした。

（目標）「人と楽しい時間の共有」を目指して音楽療法を開始しました。

（活動および変化の様子） セッション中、Cさんの心の中に広がる世界が言葉となってあふれ出てくることが度々あり、それを文字に書き留めると、とても興味を示していました。ある時、その言葉を歌詞にしてCさんの好きな曲想で即興的にメロディーをつけて歌ってみました。すると、嬉しくてたまらないとい

う様子でピアノを弾いている音楽療法士の横を飛び跳ねていました、もちろん満面の笑顔で。こうして出来た曲が【譜例3】の『ビューティフルワールドBeautiful World』です。曲名もCさんがつけました。

【譜例3】♪ビューティフルワールド　全38小節より抜粋　Cさん（作詞）/東村由美子（作曲）2021

　この時、Cさんの心の中に「美しい世界beautiful world」が広がっていたのでしょう。Cさんの世界を一緒に味わうことにより、楽しい時間を共有できた思いがします。それ以降、お互いのリクエスト曲を出し合い、曲を通して一緒に楽しむ時間を過ごしています。

【事例4〜6　Dさん・Eさん・Fさん】

　歌う、演奏する、曲作りをするなどの音楽療法（能動的音楽療法）の他に、音楽を聴く音楽療法（受動的音楽療法）があります。Dさんは能動的な行動はしませんが、他の方のセッションのいくつかに参加し、そこで流れる音楽を表情豊かに聴いています。Eさんは独語が多い方ですが、個人セッションの中で自分に歌いかけられているときは独語なく笑顔で聴いています。

　Fさんは、「自己表現を促進する」という目標で音楽療法を行っていましたが、セッションで使用する曲が大好きになりました。自由時間になると毎日音楽室を訪れ、ビデオから流れる自身のセッションの曲を聴くことが楽しみと

なっています。Ｆさんにとって音楽療法は、ご本人の目標「自己表現の促進」に対するアプローチだけではなく、日常の余暇を楽しむ手段にもなりました。

（4）　今後の展望

　福生学園の設立から30年、利用者さんの高齢化が顕著になり、より日々の生活の充実が重要になってきています。これまでアプローチの視点として中心においていた「心身の健康」（疾患・障がいの特性に起因する生きづらさの改善）に加えて、今後は利用者さんを取り巻く「環境」（時間を有意義に過ごすことができる、目標や生きがい・はりあい・自分の役割や必要とされていることを見出すことができる等）をより良いものにしていく視点も重視し、利用者さんのQOLを高めるお手伝いをしていきたいと考えます。

　利用者さんが音楽療法の中で見せてくれる最高の笑顔、その笑顔に触れて私たち職員も笑顔になります。『笑顔＋笑顔＝幸せ』の方程式をこれからも一緒に楽しんでいきたいと思っています。

引用・参考文献
（1）鈴木泰子「福生学園音楽療法研究会の改変に当たって」福生学園音楽療法研究会通信ゴーシュ特集号　2004　1頁
（2）東村由美子「福生学園の音楽療法」社会福祉法人あすはの会編「施設における文化活動の展開―福生学園・福生第二学園の実践―」文化書房博文社　2009　44-45頁
（3）中川志乃里、東村由美子「適切なコミュニケーション行動の表出を目指した知的発達症成人への音楽療法―オリジナル曲が果たした役割―」第23回日本音楽療法学会学術大会抄録集　2023　42頁

2 造形活動
──福生学園での実践から──

鈴木　孝（元福生学園造形担当職員）

（1） 造形活動はどのようなことを目指してきたか。

　福生学園での造形活動は当初「木工」「焼き物」という作業活動から始まりました。当時の事として、作業製品を売り利用者の方の自立を目指すという名目がありました。やがてその活動は作業だけでなく、利用者一人一人の感性や能力を発揮できる、作品作りといった創作活動を視野に入れたものに発展していきました。

　近年福生学園で取り組んできた活動を列挙してみます。

・ストロービーズ通し　・絵画、彫刻、版画などの創作活動　・木工作業（すのこ、木の玩具つくり、他）　・陶芸（食器作り、他）　・手芸（リリアン編み、機織り、他）　・シュレッダーがけ　・粘土遊び、土いじり　・ビー玉遊び・コーヒー豆挽き　・園芸（野菜、花、ハーブ）　・絵本読み聴かせ、他。

　利用者の一人一人の好みや特性、状況に沿った活動と言うことで多岐にわたっています。

　造形活動は、これらの手仕事を通して利用者の方々の日々の生き甲斐や心の安定、自己実現を目指しています。そして社会と係わり、利用者に対する社会の理解を深めることが出来ればと思っています。

（2） 造形活動の方法…具体的な事例を通して

　開園から30年が経ち活動の内容も利用者自身も少しずつ変わって来ています。それらを一括りに語る事は困難を感じますが幾つかの例を見てみましょう。

① 作業・・ストロービーズ通し

　当初主にやっていた木工・焼き物作業ですが、世の中の移り変わりとともに次第に製品は売れなくなり、それに代わる作業が求められていました。そんなある時、当時職員だった方がストローの廃材を工場から貰って来て、これを細かく切ってビーズにしてビーズ通しをしたらどうかというアイディアを出し、それをきっかけに「ストロービーズ通し」と云う作業を始めました。

　糸にビーズを通していく単調な作業ですが、誰でもその人なりにやることが出来ます。始めてみると多くの利用者は思いのほか好んで取り組んでくれました。少しずつ形になって行くので達成感も感じられるようです。作ったものは人の目に触れるよう、お祭りや行事の飾り付けに使ってもらうことにしました。

　そしてこの作業が次第に造形活動のベース部分となり、その上に様々な活動が展開できるようになりました。

② 作業から作品へ・・Aさんの彫刻

　Aさんの活動の特徴は、作業と創作活動が幸運にも結びついたと云う良い例です。作業の中から創作＝作品が生まれたと言って良いかもしれません。

　Aさんは作業で「スノコ作り」という木工作業をしていました。ノコギリで木材を切り、型にはめ、金鎚とクギで組み立てていきます。

　その過程で木の端材（木片）が多数出ます。それをゴミとして捨てていましたが再利用出ないかという皆の思いから、

彫刻を作ってみることになりました。最初は支援という形で、Aさんと職員とで小さな立体作品のようなものを共作してみました。Aさんはそれに興味を覚えたのか、その後は自らの彫刻を次々と作っていきました。作っているプロセスを見ていると、余った木片をその場で思いつくまま釘で打ちノコギリで切り、木片の集積のような立体に組み上げていきます。即興が生み出す偶然の面白さでしょうか。どのようなものにでも解釈できるカタチの自由さ、漂うユーモア。それらはAさんの作品の魅力です。

③　絵画など・・支援員としての係わり

　利用者には絵を描かれる方が多数います。自己流で自由に。それは、絵は習わなければ描けないと思っている人々にとっては驚きでしょう。近年は「アール・ブリュット」と言われ、既成の芸術観に収まらない自由な表現が貴重なものとして広く評価されています。

　利用者の方々はそれらを軽々とやっています。

　その感性を失ってはならない。ですから支援する側としてのアプローチは慎重になります。

　いつも感じていたことは、利用者の好みや適性に合った素材を見極め、提供出来るかと言うことの大切さです。楽観的に言うなら、その人に適した素材に出会えば絵は自然と生まれてくることは多いのです。例えば、絵の具の使用に困難を感じていた人でもクレヨンならその人らしい線や色が流れ始めるかも知れない、あるいはクレヨンが困難でもペンなら、色鉛筆なら…。

　また、描くと云うことに興味はあるが踏み込めないでいる方もいます。そんな場合であればほんの少しのアドバイスとして、興味をひきそうな絵や写真を見てもらったり、形態や色彩を意識する練習なども良いかも知れません。しかし、あくまで利用者の方のナイーブな感性・個性を尊重し、侵してしまわないような言葉がけ・接し方が必要だと思います。

④　Bさんの日課
　Bさんは以前少し精神的に不安定な生活をしていました。そのため造形活動に加わることも不規則で、ほんの短時間参加したかと思うと自室に戻ってしまい、皆の活動が終わる頃に再びやって来る事が多々ありました。静かな時間を待っていたのかもしれません。

　いつもやっているのは粘土を小さく千切り、ロクロの上に手のひらで叩き、それを繰り返して塊にしていくことです。Bさんは過って作業として植木鉢作りをしていました。それは伏せた植木鉢状の型の上に粘土球を多数付け、手のひらで叩いて均し植木鉢にするという作業でした。今やっている事はその名残なのでしょうか、粘土を叩くという行為が残ったようでした。

　現在Bさんは以前よりは安定して作業に参加しています。朝、職員が柔らかく練った粘土を渡すと相変らず一日中粘土を千切り叩いています。何かを作り出すわけではありません。毎日の決り事としてやっている、いわば日課のようです。ひたすら手を動かしている。「手なぐさみ」ということばもありますが、繰り返す手の動きがリズムとなって心に伝わり、安らぎもたらす。そうあって

欲しいのですが。

⑤　社会的な活動…作品展示と作品利用ほか

作品（利用者）と社会をつなぐ方法として以下のような事をして来ました。

・美術展（公募展）への応募

「東京都障害者総合美術展」「アート・パラリンピック長野」「アール・ブリュット武蔵野」「マイハート展」ほか、数多くの美術展に出品してきました。

・作品利用（デザインとして）音楽CD（ジブリ映画音楽のジャズ演奏）のジャケットデザインとして利用されました。

・グループ展、個展の開催

福生学園、福生第二学園、あらたま寮を含んだ大規模な展覧会を開催したことがあります（立川、神田など）。また画廊を借りて利用者のグループ展や個展などを開催したことがあります（吉祥寺、国立、八王子）。

・作品集の販売

利用者の作品を購入したいと云うお話が時々ありましたが、実作品を失わない「保存」の観点から、代替として作品集を作り販売しました。

・小冊子の発行

利用者の作品や造形活動を広く知ってもらう為、「アート通信」を発行。

⑥　作品の保存

　作品類は利用者にとって貴重な財産であり生きた証しでもあるという思いから、出来る限り利用者の作品を残し保存に努めてきました。

（3）　造形活動の価値あるいは効用

① セラピー的側面

　上記のBさんの例では、Bさんは特定の何かを作っている訳ではありません、単調な手の作業を繰り返し、粘土を叩いているだけです。他から求められているのでもなく、日課として自らの内側の要求に答えているようでした。しかしその手の動き・行為には一定のリズムがあり、土に触れる感触や力感が無意識のうちに幾ばくかの安心を心にもたらしているようにも見えました。ひたすら手を動かすという行為には、本来的に心を癒す力があるのでしょうか。

　また通常作業の場合、一定の手順に従って仕事を進めるので、あまり迷いも無く安心して取り組むことが出来ます。少しずつ進めることで何か形あるものが出来てくる喜び（達成感）があり、周囲から認めてもらうこと、仕事に熟達する喜びも感じられるかもかも知れません。さらに皆で共に過ごす安心感などもあります。

　利用者の方々は施設という限られた空間の中で毎日を過ごしています。そんな中で定期的に造形活動などに参加し生活のサイクルを作ることは、気分転換にもなり楽しみにもなり、心の安定をもたらす助けになるように思えます。

② 創作（作品世界）…自由と表現

　創作も作業と同じセラピー的側面がありますが、違うのはより自由と云うものと係わることでしょうか。絵であれば何を描いても良く、どんな線を引こう

と、どんな色を塗ろうとその人の自由です。そうした中で自分の感覚を発露したり確認したりして、自分の絵を実現していく。そんな楽しさや充実感があります。時には作品を見た人々から評価され賞賛される喜びもあるでしょう。

③　社会参加

　展覧会や出版物、デザインなどを通して利用者の作品が社会の目に触れることは、利用者が理解される良いきっかけになります。制作物が持つ独特の感性。それらは社会全般の人々にとっても癒しであったり、新しい気付きであったりするかもしれません。そういう豊かさを持ち得ます。また、作ったものが社会的に認められることは利用者が生きていく上での自信や喜びにもつながります。

（４）　今後の展望

　この30年間で最も大きな変化は利用者の高齢化です。造形活動もそうした状況に合わせながら、先に述べたような多くの取り組みをして来ました。

　最近の目立った活動としては、園芸療法士の方も加わり、園芸に取り組んでいる事です。種を蒔き育て、草花を見つめ、作物を収穫し食して味わう。自然の持つ潤いが生活の中に入ってきます。造形とはあまり関係がないように思われますが、手を使い体を使って取り組むことに変わりはありません。

　ですから造形活動と云う方向性は持ちつつ、その時々の利用者に柔軟に対応していく。それが今までの道のりであったし、今後の可能性でもあるのです。

参考文献
あすはの会編「施設における文化活動の展開」文化書房博文社　2009

Ⅳ　あすはの会の原点

1　開設の思い出

小倉節子（あすはの会理事）

　法人設立30周年おめでとうございます。

　立川養護学校で一緒だった井上さんから、施設建設の協力の誘いを受け、二つ返事でお願いしました。

　かたつむりの会として活動を始めたのは、32年前位だったでしょうか。荒川の方達と一緒の目的に向かって動き始めたのは、主に親亡きあとの子どもの心配、兄弟・姉妹へ負担をかけさせたくない等々思いは同じでした。

　月に一回、町屋にある鈴木さんのスーパーマーケットの2階で話し合いがありました。日曜日には休みの店舗の軒先を借り、仕入れた花を販売し、年に数回近くの公園でバザーもしました。荒川の方達には、お世話になりました。

　努力してきましたが、荒川の方達とは多摩地区までの距離の問題、子どもの就職先、作業所、資金の考え方等話し合ったのですが一致せず、お一人だけ残り多摩地区が主の再出発となりました。

　その後、具体的な建設、開設に向かっての動きが始まりました。

　立川市にかたつむりの会と同名の会があり法人の名称をどうしようという事になり、たまたま古事記を読んだ時に阿須波は足場の神で、立つ処の土地を守るとあり、今後多摩地区にしっかりと土台をつくれたらと提案し採用されました。生活寮（グループホーム）は、荒川地区と多摩地区の合体という事であらたまになり、法人名は"あすはの会"、生活寮は"あらたま寮"と決定しました。

　ロゴはどの様にしたら良いか、素人では簡単にはデザインできません。これは前から少々心あたりがある小平市の小宮氏に相談してみました。素晴らしいデザインのロゴが出来上がりました。深く深く感謝しています。

　前学園長の前田さんのカリスマ的指導により、着々と前進し、土地・資金・建設の事、獅子奮迅の働きでかたちが出来てきました。そして今の福生学園の敷地内に、２階建てのプレハブの建物が出来ました。２階が事務局になり、事務局を引き受けてくださった前田前学園長と守屋さんが働き始めました。大変だったと思います。お二人の月々の活動費、これも最低の支払いで了解していただきました。

　寄附のお願いで、名刺を作ってもらい企業をまわってみました。今考えれば無謀な事でした。若かったなぁと思います。役所への訪問にも参加。少しでも資金があればと、八丈島の奥山さんにも無理をお願いし、あすはに通じる明日葉の品、飲み物とお蕎麦を購入して、販売もしてみました。

　その間、前田前学園長・齋藤さん・井上さんの努力、そして理事長を引き受けてくださった、東洋大学の松野先生、本当に親として感謝という言葉だけで言うのは申し訳ありませんが、有難うございました。

　会員全体の努力が実り、福生学園が出来上がりました。

　親の思いは一緒でした。親亡きあとの子どもへの思い、30年前は親も若く、動くのにも何の心配もありませんでしたが年を取りました。記憶も定かではありません。

　でもその時の学園建設への情熱は素晴らしかったと思っています。

　福生学園が、温かく、親が安心して託す事のできる施設である事を心より願って居ります。

2 福生第二学園にお世話になって25年

加藤信一郎（あすはの会監事）

社会福祉法人 あすはの会 設立30周年おめでとうございます。

光陰矢の如しと申しますが、福生第二学園にお世話になっている次男は現在50歳になります。25歳のときから第二学園と家との往復で、50年の人生の半分を過ごさせていただきました。その間、学園に帰園の際、いつも安心した表情で荷物を用意し、出発できるのは、しっかりとした理念のもとに学園を設立して運営して下さる方々のおかげと、心より感謝申し上げます。

3歳児検診で言語の発達の遅れを指摘され、医療機関で検査したり、ことばの教室に通ったりしていましたが、幼稚園年長から、小、中、高校まで、そういう子どもを、普通児との生活もとり入れながら教育して下さる学園で過ごしました。高校を卒業した後の生活については、地元で1年後に障害者福祉センターが設立される予定になっており、将来の心配はなく過ごしておりました。

卒業後のことを考えて、地元の親の会の活動にも家族が少しずつ参加している折、様々な年代の方にお話をうかがう機会もあり、親なきあとの問題を、将来解決していかねばならない重要な課題と感じるようになりました。

その頃、学校時代の次男の同級生の親御さん方が、在学中から準備を重ねておられ、社会福祉法人「あすはの会」福生学園を設立されました。学校卒業後、幾年も経たずに、数人の同期生や先輩が、福生学園での生活を始めていらっしゃる様子でした。

見学させていただき、福祉施設の中で、就労と日常の生活ができることで、安心感があり、特に音楽や体育、美術、陶芸等に力を入れて下さる点も、学校で重点的に学んだことと一致しているため、本当に良い施設が開設されたと感じておりました。

その後、福生学園を設立された齊藤様から、学校関係の電話連絡の際に、あ

74

すはの会が次の施設を設立する準備を始めていることを家族が耳にして、私共も参加させていただくことになりました。

そして、1999（平成11）年2月に竣工した福生第二学園に、3月末に入所させていただいて、今に至っております。

入所して間もなくの頃、皇居一周マラソンに参加したことも楽しい思い出です。前田先生が、子どもたちを元気にすることをたくさん用意して下さり、本当に有難く感じました。私共も応援に行って楽しんできました。

また、コロナ禍のため、一年半位の間、家に帰省できない期間がありましたが、ようやく帰ってきた時も、とても冷静に、過ぎた日のカレンダーをめくって、帰宅した日に合わせていました。そういう姿を見て、親としても安心し、福生第二学園にお世話になることができて、本当にうれしく思いました。

現在、あすはの会は、地域の信頼の厚い社会福祉法人として、多岐にわたり地元に要請される社会福祉施設を設立、運営している大きな法人に成長されました。それぞれ個性のある障害者に誠実に対応して下さる支援員をずっと育成して下さって、難しい問題のある利用者にどう対応したらよい結果が得られたか等の事例が、年報に掲載されていて、拝見させて戴き、感心しております。支援員の皆様が、御多忙の中で、施設内での問題や解決策についての記録を、しっかりと後に続く方々に残しておられ、本当に素晴らしいと思います。

利用者は年々高齢化していきますが、年齢に合う生活ができるようご指導をいただいて、少しでも長く健康を保ち、多くの人に会えて楽しい学園での生活を続けられますよう願っております。

末尾になりましたが、社会福祉法人　あすはの会への深い感謝の気持ちと共に、法人が今後も時代に合わせて発展されますように、お祈り申し上げます。

3　親なき後の思いに応え30年
──未来への夢と希望──

坂口光治（あすはの会評議員）

　法人設立に尽力された故・前田弘文氏に心から敬意を表し感謝いたします。また「新型コロナウイルス感染症」の蔓延の中で、「エッセンシャルワーカーとして」、「感染の防止と利用者や家族の思いに寄り添い」最善を尽くしてこられた理事長、施設長、職員の皆様にも心から感謝申し上げます。

（1）　あすはの会の原点

　多摩地域には、日本の知的障害児者のための教育・福祉事業のフロンティア滝乃川学園（国立市・約130年の歴史を持つ）や友愛学園（青梅市）などがあります。この武蔵野の大地と緑の森に、熱き「夢」と「理想」を抱き大地を耕し「あすはの種子」を播く人がありました。その人が前田弘文さんです。多摩地域にはそれを育む太陽と緑の森とエネルギーがあります。

　「あすは第2号」（1996.3.10）に、親の思いに応える前田弘文施設長の「理想の施設」創りへの熱き想いが記録されています。要点は①更生施設の絶対不足：福生学園の発足と活動は「親亡きあと」という命題から法人作り、更生施設・生活寮建設が始まった。②地域とは：地元自治体を含む、施設を中心に、直径30km 圏を設定。③施設の機能活用：「更生施設」

墓誌　福田院実生日弘居士
平成14年1月18日　弘文53歳

と「生活寮」・地域デイサービス（実生学舎）の複合体施設と店も含む独自の
ネットワーク作り。④日常文化の活性化：生活に潤いを与える日常文化をテー
マ。特に音楽・創作活動を中心に、地域の人材のご協力も得て、独自の音楽療
法の確立や、地域住民に利用していただく作品等を創りたい。

＊「あすは」とは：阿須波は足場の神で立つ処を守り。明日葉は今日切り取って
　も明日は再生している多年草。明日は未来に通じ未来永劫たえる事のない象
　徴でもあります（あすはの会：年報)。

（2） 保護者会発足20周年の「あすはだより」
　　　（Vol. 78前田施設長の挨拶2015参）

　「第1回保護者会総会の議事録」を再確認。要点は◎半年が経過、概ね順調。
職員も移動なし。利用者も6回の部屋替えをして、やっと落ち着いた。◎地理
的条件良好。見学者1000名以上、励みにもなる。◎年齢上限55歳となっている
が、受け皿がなければ造り出すことも考える。◎法人が事業をする時、行政、
団体などから補助金3/4出るが1/4は自己負担、その大部分は借金だ。体質
を改め、大規模修繕、新規事業（老人棟建設など）に備えていく必要がある。
◎今年、山形、青森、伊豆大島の3か所で入所施設開所したが、応募者少なかっ
た。皆さんは約70倍の希望者から選ばれて入所できた幸運な方たちで、この幸
運をそれだけで終わらせては勿体ない。20年経った今、先見の明に驚いてしま
います。と回顧し、参加者が共有・共感している様子が記録されています。

（3） 親の思い「多くの人に支えられて」
　　　（故・妻・坂口眞理子あすは　第25号2008.4.30参）

　妻・真理子（71歳）は、3年前に子宮体癌の手術・入退院をしての治療、2021
（令和3）年秋からは在宅での緩和ケアでの生活をしておりましたが、翌年2022
（令和4）年1月9日に他界し天国へ旅立ちました。生前妻は、法人職員の皆

様・保護者会・家族会はじめ
多くの皆様に大変お世話にな
りました。ここに心から感謝
しお礼申し上げます。

　妻は「親の思い」を「あす
は第25号」に２頁に渡り残し
てくれました。次男の真二の
誕生と、難治性てんかんの入
院・治療・療育、関係者や家
族への感謝の思い。真二と絵

妻・最後の対面での読みきかせ（2021.11.16）

本「ノンタン」の出会と成長。養護学校の先生方への感謝。「面会や帰省の時、
絵本や童謡、ドライブなどで喜ぶ顔を見るのが楽しみ」なことなどです。

　そして最後に「障害児を授かった私たちの共通の願いは、障害の程度いかん
にかかわらず、親なき後も、安心して生き生きと生活ができる、そんな福祉社
会の実現ではないでしょうか。その実現を願ってやみません」と結んでいます。
多くの人に支えられて、苦楽を共に生きてきた、私の願いでもあります。

（4）　温故創新・未来への夢と希望
　　　（第13回東京６団体大集会2018.7参）

　現在、東京都では「障害のある人もない人も、社会の一員として、お互いに
尊重し、支え合いながら、地域の中で共に生活する社会の実現」（東京都障害
者・障害児施策推進計画）が策定され、「全ての都民が共に暮らす共生社会の実
現」「障害者が安心して暮らせる社会の実現」「障害者がいきいきと働ける社会
の実現」の３つが基本理念となっています。

　目標として、グループホーム2000人増・通所施設6000人増・短期入所180人
増を掲げ取り組んできましたが、「親亡き後」に本当に安心して暮らせる場は充

分とは言えません。

　重要課題のひとつは、重度化・高齢化に向けての取り組みです。あすは第37号（2019（令和元）年9月発行）の施設長の報告では、当法人が「東京都モデル事業」の選定施設の実践で「滝乃川学園を中心とした専門チーム」から「職員の意欲と積極性が高く、すぐに助言を取り入れて利用者支援に生かした」との評価を頂いた、という内容でした。素晴らしいことです。モデル事業での成果を、皆さんとともに共有し未来への夢と希望に繋げてまいりましょう。

　渋沢栄一の「夢七訓」を紹介し、結びといたします。

> 夢なき者は理想なし　理想なき者は信念なし　信念なき者は計画なし
> 計画なき者は実行なし　実行なき者は成果なし　成果なき者は幸福なし
> 故に幸福を求める者は　夢なかるべからず

＊滝乃川学園（石井亮一氏・筆子氏・渋沢栄一氏）　友愛学園（実川博氏）と法人の歴史に学ぶ。
＊山田火砂子監督映画「筆子・その愛―天使のピアノ」　ウィキペディア（Wikipedia）施設見学などをお勧めします。
＊キング牧師もまた I have a dream「夢を」大切にしました。

4　仮称「武蔵村山学園」だった頃

笹本信夫（元あすはの会理事）

　法人設立30周年おめでとうございます。保護者の一人とはいえ、19年間施設職員であり、その後理事職を務めさせて頂いた立場から思うと、この30年という大きな節目を迎える事ができましたのは、多くの諸先輩方の大変な努力と励ましがあっての事と、深く感謝申し上げます。

　法人設立、福生学園・福生あらたま寮の開設に関しましては、当初の建設協力者の皆様が語られるかと思いますので、私にとっての施設である福生第二学園・三ツ藤あらたま寮の始まりのことを話してみたいと思います。

　私が「あすはの会」と繋がりを持ったのは、福生学園が開設した翌年の1995（平成 7 ）年、季節はいつ頃だったか、当時、地元の親の会の会員で施設作りを進めていた方から、新しくできた施設の見学ができるからと誘われました。

　平日だったので私は参加できませんでしたが妻が障害児学級で知り合った方お二人を誘い三人で参加しました。一通りの見学終了後、当時の施設長だった前田弘文氏より、施設は山の中ではなくて街の中に作りたいとの話があり、そんな中で「土地さえあれば施設は作れる」と語られました。そしてこれを受け、お誘いした方のお一人が行動を起され、武蔵村山市内に新たな施設の為の土地提供に至ったと記憶しております。

　土地が決まっても地元行政や地域の皆様の御理解、御協力が得られなければ実際の施設建設用地にはなりえません。土地の次は建物です。実現するかわからない建物の設計、自己資金、補助金、助成金、寄付金等、建設費用の捻出、全て整合性を取り、施設創設事業としてまとめ上げる必要があります。親が子の為に施設を作りたいと願う気持はとても大切な事と思いますが、それと同じ様に形ある施設に向けて、多くの皆様の御尽力、お力添えがあった事、文章で書いてしまえば数行の事ですが、忘れてはならない事と深く感謝しておりま

す。

1996（平成 8 ）年秋に仮称「武蔵村山市学園」の創設事業が決まった事を知らされ私も建設協力者に加わりました。翌年1997（平成 9 ）年 1 月にこの新しい施設の建設協力者全員が集まり、東京都へ提出する書類の内、我々が準備作成すべきものを皆で確認し、その場で署名捺印した事を鮮明に覚えています。そしてこの年の春、前田施設長が我家にお見えになり、この創設事業の取りまとめをお願いされました。コンピュータ関連技術職しか経験のない私にとって一大決心でしたが、当時の上司からの励ましもあり 9 月末で前職を辞し10月より福生学園の職員（施設開設担当）として勤務することとなりました。

実務に就いてからは初めての経験ばかりでした。東京都、武蔵村山市、二つの特別区等、行政機関との打合せ、建設用地に関わる税法上の処理、資金借入や助成金に関わる処理、工事入札、設備整備に関わる処理、さらに法律上は別事業となる生活寮に関わる事、とにかく多くの事務処理がありました。しかし二つ目の施設となればノウハウがあり、見通しをもって進めることができ、あらためて当初の建設協力者の皆様の御苦労を知る事となりました。特にＳ様には、都庁帰りに西新宿の喫茶店で、時にはＫ市の御自宅までおしかけ、不安な気持ちで作成した書類を確認して頂いたり、再検討となった事案の方向付けを示して頂いたりと、大変お世話になりました。

こうして紆余曲折ありましたが1999（平成11）年 2 月に施設竣工、翌 3 月正式名称、福生第二学園・三ツ藤あらたま寮として事業開始することができました。あれから25年、施設は創設当時の本来の役割に加えて地域福祉の拠点となる事が求められています。今、当法人が行っている様々な活動がその期待に応えられるものになる事を切に願っております。

かなり私の思い出話になってしまいましたが、一保護者に戻った今、ひとつお願いがあります。それは「あすはの会」が後見人となる事（法人後見）を事業として進めて頂きたいと思っております。よろしくお願いいたします。

5　あすはの会・福生学園30周年

松村　秀（あすはの会評議員）

　この度、あすはの会・福生学園がめでたく創立30周年を迎え、心よりお祝い を申し上げます。

　振り返ると、あっという間の30年でございました。

　開設時は課題が山積しておりました。

　東京都や福生市との折衝から、設計、建設に至るまで、一歩一歩、歩みを進 めて行く、様に暗中模索の状況でした。

　当初、立ち上げメンバー今は亡き　故前田氏を中心に親達数名。

　"子どもたちの為に"この一念が全てに於いての原動力となりました。

　当初の賛同者も様々な問題で半数以下となり、夫々の負担額も増す中、「この 面々で設立に向けて頑張るんだ」と結束し、いつしか硬い絆のようなモノが生 まれていました。

　今も昨日のように思い出します。

　そうした苦労を乗り越え、何とか開設を迎えた際の高揚感と達成感は、今も 忘れる事はありません。

　設立メンバーの一人として、とても感慨深く思います。

　結びに、改めましてあすはの会・福生学園30周年を心より祝福すると共に、 これまでの実績と伝統を継承され、より高い理想を目指して行かれますよう切 に願っております。

　そして、あすはの会・福生学園が益々発展されますことを祈念し、お祝いの 言葉とさせて頂きます。

6 施設設立への思いと活動

守屋　武（あすはの会評議員）

　荒川区で活躍していた「かたつむりの会」と福生学園の初代施設長前田氏との出会いから学園の建設にいたり30年が過ぎました。

　我が子は誕生してから通園、通学、通院等日常生活は家庭の支援を受けながら過ごしてきましたが、10歳を過ぎた頃から家族だけでは支えていけなくなる時がくることを考えると、不安に思うようになりました。その頃1人っ子を持ち親亡き後を熱心に考えている会に出会いました。

　・施設建設をする。

　・各々の人格を大切にし、自立への道を探す。

　・家庭的で各自にあった作業、運動をし楽しい生活をする。

などを目標に活動していました。

　その施設づくりの為に週末には花売りをしたことも記憶にあります。会のメンバーも増加し計画が具体化してきましたが、その後障害の差異や地域性により多摩地区中心のメンバーとなり施設設立が躍動的に動き始めました。

　夏休みのある日、八王子市内で親子合宿をし実際に入所する子ども達に会い親どうしの親睦も深まり施設の設立に向かって一帯感が生まれたことを思い出します。その時のメンバーの話し合いでは子供達に合った風呂、トイレの形態、食堂、レクリエーションの出来る空間を設置したいと言う意見も出ました。また、軽度の障害の子どもは外の作業所、訓練所等へ行き疲れた体を癒す場所として利用することができる施設。障害の重い子ども達は一日施設内で過ごすことができる明るい設備の整った環境をめざし、週末、夏季休暇、年末年始休み等は家庭で過ごさせたい。施設名は明るい名前にしたいとのこともこの頃から言われました。開かれた施設で地域との交流をしたい等夢は広がりました。

　しかし、建設用地探しや、建設資金の調達と言う難問が迫ってきました。用

地は都内にあり最寄りの駅からは徒歩で行ける範囲で、近くには幹線道路があり、住宅地で近隣の自治会との交流ができると言う条件でした。当時は都内にあり徒歩圏内に施設を設立するということは画期的なことでした。

　その他の希望や土地代金との関係で大変難航しましたが幸い素晴らしい立地条件の現在地が決まり喜びました。土地代は設立メンバーが一括して支払い、建物代は事業団から借入れ20年分割支払いをすることになり、ひとつひとつクリアすることができました。建設設計は建設会社に委ねました。

　同時進行で法人の認可手続きや申請はメンバーが分担し協力してきましたが片手間では出来なくなり、私は希望の施設設立に向け会社を退職し微力ながら協力することにしました。こうして福生学園は誕生しました。

　しかし、この時点で我が子を親元から離すことには苦悩がありましたが、日々学園生活に慣れる我が子を見てあの時点でよかったと思うようになりました。

　学園の活動は活発で音楽療法を導入し、地域交流ひいては海外交流も実践しました。

　30年が経過し親や利用者の高齢化、福祉法の改定等により設立当時とは変化があります。保護者会も変遷し後援会となりました。

　我が子は長いコロナ禍、パンデミックも乗り越えた学園で過ごすことが出来ました。施設長はじめ支援員の皆様に大変感謝しています。会えなくとも安心して生活できる施設のありがたさを感じました。

　これからも健康管理をして頂き子ども達が安心して過ごせるような学園であってほしいと願っています。

V　あすはの会と私

1　監事・評議員として

大塚良一（佛教大学特任教授、あすはの会評議員）

　いつのことだろうか。まだ、武蔵野短期大学に勤めていた時なので、10年以上前と思われます。当時、武蔵野大学教授であすはの会理事長であった米山先生から、監事として手伝ってくれと言われました。ご存じのとおり、社会福祉施設の監事は、定数が2名で、一人は財務諸表等を監査し得るもので、もう一人は、社会福祉事業について学識経験を有するものとなっています。私の役割は学識経験者としてとの認識でお受けし、当時、文京学院大学教授の谷内篤博先生と二人で監事として就任しました。

　福生学園は自宅から高速で1時間半。当初、入間市にアウトレットが出来たのを知らずに、入間市で高速を降りると大渋滞。2時間以上かかり、役員会に間に合うか、ひやひやしたのを覚えています。

　当初の役員会は福生学園の2階で行われ、多くの保護者の方の中で議論がなされ、私自身何を行えばよいか戸惑いと、これからこの施設はどうなっていくのかの不安がありました。そこで、折をみて三つのことを提案することにしました。一つは、大きくなるにつれて集約する場所が大切になることから、本部機能を持つこと。もう一つは、福祉の仕事は人を育てることから、研修体制を充実させること。最後に、事故等に関しての「ヒヤリハット」と事故報告を確実に各施設の組織体制に根付かせることです。

　一つ目の、本部機能については理事長である米山先生も考えられており、比較的早く構想を打ち出されていました。本部が、経理と人事の機能を持つことは、法人理念を具現化する大切な役割があると思います。

　二つ目の研修体系についてですが、研修にはそれぞれの立場にあった階層別研修と、各専門職の分野別研修が基本となります。私も講師として、2度ほど階層別研修をさせていただいたように思います。

　三つ目のヒヤリハットについては、監査のときに必ずチェックさせていただいたように思います。

　私ごとになりますが、東京成徳短期大学から育英大学に移り、京都の佛教大学で特任教授という公募があったので、以前から一度は京都に住んでみたいという思いから応募しました。現在、京都の鷹峯というところに住んでいます。京都に行くことが決まったので、監事を行うことは難しいと相談したところ評議員として残って欲しいとの依頼があり、現在は評議員をさせていただいています。

　最後に、10年以上あすはの会と関係を持たせていただき感謝申し上げるとともに、二つのことをお願いしたいと思います。その一つは、基本を大切にすることを周知徹底することです。現在、保育の現場も含めていろいろなところで人権侵害とみられる「不適切な支援（保育）」が挙げられています。障害者の支援の基本は、「この人たちとともに歩む」です。その基本をもう一度見直すことが大切です。もう一つは、人を育てることです。若いと思っていた堀越さんや諏訪さんもあすはの会の大黒柱になっています。これに続く人材をいかに養成し、現場をより活性化していくかです。

　先般、機会があり糸賀一雄先生の資料館に行ってきました。これは、元近江学園副園長だった谷村先生のご案内で貴重な資料を拝見させていただきました。谷村先生と「糸賀先生が今、生きていたら何をするだろうか」との話になり、国際的に障害者の人権をいかに擁護し守るかの運動を展開するのではとのことに落ち着きました。

　あすはの会が、障害者の人権について国際的なモデル施設になることを祈念し、30周年のお祝の言葉とさせていただきます。

2　あすはの会との出会いと思い出

奥森利一（あすはの会監事）

（1）　あすはの会との出会い

　武蔵野大学を2010（平成22）年3月31日で定年退職後、米山理事長からのお誘いがあり、あすはの会に参与・事務統括責任者として勤めさせていただくこととなりました。勤務場所は、火曜・木曜・金曜（午前）がみしょうで、金曜（午後）は福生学園でした。

　同年11月2日9時30分昭島駅前で当時の福生学園施設長渡辺さんと待合せをし、みしょうに行きました。この日が勤務開始日で、あすはの会との出会いの日でした。渡辺さんに案内され、2階の介護、相談センターそして1階の喫茶の職員の人達に紹介されて自己紹介をしました。その後、2階にある事務室に案内され、自分に割り当てられた机に座りました。当時、砂田さん、吉野さん、井上さんの女性3名が事務の業務をしていて、にこやかに迎えていただきました。1階は、昭島市の職員の職場でした。この日の印象は、1階の市の職員がとても静かに事務を執っているのに比べ2階のみしょうの介護や1階の喫茶は賑かで活気にあふれている様子が見て取れました。帰りは運動の為拝島の駅まで歩き拝島から電車に乗って帰宅しました。

（2）　あすはの会の思い出

1）みしょうでの飲み会

　みしょうでの思い出は、2011（平成23）年3月の休日に行った、三田村さん、明石さん、伊藤さん、兵頭さん達と拝島の「魚民」での飲み会です。

　仕事の事・同僚の事・最近あった出来事等たくさんの話題で盛り上がりました。二次会はカラオケ店に行き、ナツメロや当時流行っていた演歌等を歌いました。とても楽しい一日を過ごさせていただきました。

2）本部でのプロジェクト

　2012（平成24）年4月に、福生学園の2階の会議室に新しく本部機能のコーナーが設けられて、自分はそこに理事・評議員として勤務し、幹部職員で構成する法人機能強化プロジェクトチームの一員になりました。プロジェクトの検討内容は、理事会・評議員会の役割・権限・責任・ガバナンスのあり方や、法人本部の設置と本部機能の充実等の原案、そして主要規程（定款施行細則、組織管理規程、稟議規程、規程制定規程、文書管理規程等）の改正・新設案でした。

　5カ月にわたる検討期間を経てこれらの原案が完成し、同年9月の事業連絡会と理事会に提案して了承を得ることが出来、施行の運びとなりました。自分があすはの会の組織運営にお役に立てたことを大変嬉しく思いました。

3）福生学園の学園祭

　2012（平成24）年10月12日・土曜日、福生学園の学園祭が開催されました。

　自分は前年と同じく庭にテントを張り、受付に座り、売店で使うチケットの販売をしました。利用者の父母や職員の家族の方が沢山見えて、チケットをたくさん買っていただきました。利用者の絵等の作品は当時の防災棟の2階に展示されました。利用者の人達は庭で歌やバンド演奏を披露していて、その一生懸命な姿に感動したことを覚えています。そして、学園の2階には、いろいろな食べ物や飲み物が並べられ、楽しく話しながら食べたり飲んだりしている人たちの姿がとても印象に残る楽しい光景でした。

3　民生委員・地域の代表として

小林ひとみ（あすはの会評議員）

　私は長い時間、福生市で民生委員・児童委員をしています。民生委員・児童委員は、社会奉仕の精神をもって、常に住民の立場に立って相談に応じ、及び必要な援助を行うことにより社会福祉の増進に努めるため（民生委員法第1条）、常に人格識見の向上とその職務を行う上に必要な知識及び技術の修得に努めなければならない（民生委員法第2条）とされています。

　私が福生学園を運営しているあすはの会に、地域の代表として評議員に任命されたのが6年前です。私は、福生学園の近くに住んでおり、利用者さんが時々お散歩している姿を遊歩道でお見かけしていましたが、その時はあいさつする程度でした。みなさん、お散歩を楽しんでいる様子が伝わってきました。

　秋に開催される福生学園祭も楽しみのひとつで、毎年出かけて行きました。利用者さんの丁寧な作品に感心したり、一生懸命な演奏に感動したり、と楽しい1日を過ごしました。その時に購入したお皿は私の愛用品として、今も大活躍してくれています。

　評議員になってからは、いっそう福生学園とのかかわりができ、2020（令和2）年の1月に昭島市にオープンした、児童発達支援センター『子ども発達プラザホエール』の開所式に御招待していただいて、大勢の方と一緒にお祝いすることができた事は、私にとって、なにものにもかえがたい、思い出深い出来事になりました。開所式は終始和やかな、あたたかい雰囲気で、これからここに通ってくる子ども達の未来を思いました。

　最近新しく開催された福生学園の作業棟でのカフェにも民生委員の仲間と何度か訪れました。

　作業棟でのみなさんは、作品作りに励んでいたり、楽しそうにおしゃべりしていたり、それぞれのスタイルで、のんびり過ごされている様に見えます。そ

して、作品のすばらしさにはいつも驚かされます。

　利用者さんが豆から引いて、職員の方が入れてくださるコーヒーを飲むのも楽しみのひとつです。心がゆったりとして、忙しい日々を忘れさせてもらえる、そんな場所です。

　先日は屋上庭園で収穫したラディッシュをおみやげにいただきました。さっそくサラダに入れ、ピンク・赤・白・緑の色鮮やかおいしそうなサラダになり、みんなで作った作物はとても貴重な物に思えました。利用者さんも私達に会えたのを喜んでくれてとても嬉しかったです。又、時々、みなさんに会いに行きたいと思っています。お元気でいてほしいです。これからも色々な場面でかかわりを持ち続けたいと思います。

本の読みきかせ

　私はこの地域に住む人々と、共に笑い、共に配慮しあい、よりよい方向へと知恵を出しあい、気持ちを少しでも分かちあえたらと、常に思って活動をしています。

ラディッシュの収穫

4　自閉症研修と事例検討会

菅原幸次郎（あすはの会参与）

　私は、大学を卒業後、民間家庭事業相談所に勤務いたしました。障害のある子どもの療育や保護者の方の相談に携わっていました。勤務を続けるうちに子どもたちは成長し成人を迎える時期となりました。そのころ、相談を受けていた保護者の間で、子どもの「親亡き後」を心配し入所施設設立を目指すグループが現れ、そのグループから私に協力をしてほしいとの要請がありました。私は、受諾し、その頃新たに開設した施設を見学して回りました。そして、施設設立の経緯やノウハウを教えて頂きました。中でも社会福祉法人あすはの会福生学園創設者の前田園長は多忙にも関わらず丁寧かつ親切に対応してくださいました。

　私は前田園長のご厚意に甘え、繰り返し教えを乞いに伺い、前田園長はその度に励ましてくださいました。施設設立を目指す保護者の会はいくつもありましたが、実際に設立までこぎつける保護者の会はごく僅かでした。いくつものハードルを乗り越え、どうにか施設と社会福祉法人を設立しましたが、私はその時点で燃え尽きてしまい、せっかく設立した施設を去り、自宅で廃人のように日々を過ごすこととなりました。その時、前田園長から私に連絡をくださり、「今度第二学園を作るから一緒にやらないか？」と誘ってくださいました。福生学園は利用者支援に「音楽療法」を取り入れており、利用者支援のために新たなチャレンジをするこの組織なら私のチャレンジしたいことも実現できるかもと考え、私はお言葉に甘えることとしました。

　私は福生学園の職員として、施設運営のノウハウを学びながら、新たに設立する福生第二学園の利用者が働く場所「パン工房」の設置業務に携わりました。第二学園設立時には、支援の場の責任者「支援主任」として、新規入園者の受け入れを一手に担いました。

　福生第二学園設立後３年も経過すると、利用者も、組織も安定してきました。そこで、私がチャレンジしたいことを前田園長へ説明しました。それは「自閉症研修」と「事例検討会」の定期開催です。その頃の知的障害者支援の現場は専門性や人権意識が乏しく、体罰などの不適切な対応が横行していました。特に自閉症の方への知識は乏しく、自閉症の方々の特性への配慮の無い対応で、自閉症の方々の症状が悪化し「強度行動障害」と呼ばれる不適応症状を示す方が多くいらっしゃいました。私は自閉症支援のための学会に参加していて、ある程度の知識があったので、その知識を職員へ「自閉症研修」の形で伝授すれば、職員も「何で自閉症の人はこんな行動をするんだ？」と困惑しないで済みますし、職員が自閉症の方の特性を理解し、自閉症の方々にやさしい環境を整えることができれば、自閉症の皆さんに安心して過ごしていただけるようになると考えました。自閉症の方にたとえば「自傷」行動が頻繁にあったとします、そこで、支援する側は「自傷」の原因はストレスであると想定し、ストレス要素を割り出し、ストレス要素を少なくしていきます。そして「自傷」の回数が月30回だった方が月２～３回になれば、支援は功を奏したことになります。この支援の結果を客観的に検証し、次の支援へ生かしていく取り組みが「事例検討会」です。前田園長は私の夢に快く賛同してくださりました。

　私は自ら講師を務め法人内の各事業所で毎年「自閉症研修」を実施しました。また、「事例検討会」は、大学の先生をアドバイザーとして迎え、地域の事業者、行政、当事者団体も参加できる開かれた形で毎年実施しました。この取り組みは評判を呼び、東京都社会福祉協議会知的障害部会でも同様の取り組みが行われるようになり、今や支援の現場のスタンダードとなりつつあります。

　私の取り組みが支援の現場全体の底上げに微力ながらも貢献できたとするならば、私のチャレンジを後押ししてくださった前田園長とあすはの会のおかげであると、感謝いたしております。

5　あすはの会の音楽療法にかかわって

二俣　泉（音楽療法士、昭和音楽大学教授）

　私は音楽療法士です。これまで、福祉施設・小学校特別支援学級・大学病院等での音楽療法の実践と、大学で音楽療法士の養成と音楽療法の研究に取り組んできました。現在は、昭和音楽大学の教授、日本音楽療法学会の副理事長を務めています。

　私は、福生学園の開設当初から「あすはの会」の音楽療法にかかわってきました。私が「あすはの会」の取り組みに触れたのは、今から30年以上前、私が20代前半の頃です。その当時、私は音楽療法の仕事をしてはいましたが、自分がこれから音楽療法や対人援助の仕事に進むかどうか、はっきりと決めてはいなかったように思います。ただ、知的障害・発達障害の子どもたち、大人たちと一緒に音楽活動をすることには、とてもやりがいを感じていました。私が前田弘文先生（福生学園初代施設長）と出会ったのはその頃のことです。

　前田先生は、福生学園開設前には施設職員をしておられましたが、社会福祉法人の設立と施設の開設を目指してエネルギッシュに仕事を進めておられました。当時、前田先生は、畑の中にある日本家屋で知的障害の青年たちの活動をしており、そこに音楽療法が取り入れられていました。その音楽療法を担当していたのが音楽療法士の伊藤啓子先生（現在は昭和音楽大学客員教授）でした。

　伊藤啓子先生がその職場を退任することになり、その後任として、私のことを伊藤先生が推薦してくださいました。そして私は前田先生とお目にかかることになったわけです。前田先生は、障害者福祉に並々ならぬ情熱を持っている方でした。そして、障害者の支援に芸術活動を取り入れるべきことを確信し、いつもそのことを熱く語っておられました。前田先生の並々ならぬ情熱に、私はいつも圧倒されていました。

　その後、福生学園が開設されることになりました。そこで音楽療法用の部屋

を作ることが計画され、どんな部屋にするのかについて私が意見を求められ、必要と思うことを提案させていただきました。具体的には、部屋には利用者の注意を逸らす余計な刺激となるものを設置しないこと、ワンサイドミラーを設置して観察用の部屋を設けること、ビデオカメラを設置して音楽療法実践の記録・研究ができるようにすることなどです。

　当時も今も、日本において音楽療法専用の特別な部屋を備えた知的障害者の施設は極めて稀です。私は福生学園開設以来、数年にわたってその部屋で音楽を担当させていただきました。また「あすはの会」では、音楽を専門的に担当するスタッフを開設当初より雇用していました。私は、何人もの素晴らしい音楽療法士の方々と一緒に仕事をさせていただきました。

　いま私は「あすはの会」の施設で利用者の皆さんと一緒に音楽をすることはなくなりましたが、「あすはの会」の音楽療法の内部研修の講師として、勤務する音楽療法士の皆さんの取り組む活動のお手伝いをさせていただいています。

　私が音楽療法士としてはまだ十分な経験を積んでいない頃から、あすはの会の施設で音楽療法に取り組ませていただきました。多くの利用者とそのご家族、「あすはの会」の職員の方々から、多くのことを学ばせていただいてきました。

　対人援助・福祉・音楽療法に関する考え方や状況は、時代と共に大きく変化してきましたし、これからも変化し続けていくでしょう。しかし、故前田先生はじめ、多くの先達たちが抱いていた「より良い福祉を実現したい」という情熱の価値は、これからも変わることはないと思います。「あすはの会」にかかわる多くの方々の情熱に、これまで私は感化され続けてきました。「あすはの会」にかかわる皆さんの「情熱の火」の一部に私もなりたいと思っています。

あとがき

田中　剛（あすはの会副理事長）

　この30年間いろいろなことがありました。私が、あすはの会と関わったのは福生第二学園開園の直前からです。当時は、法人立上げから5年後で福生学園と福生第二学園だけが法人の施設でした。現在は、7事業所で数多くの事業が細分化されて運営されています。設立当初の法人と現在の法人とは全く別の法人といってもよいくらいです。その軌跡が本書に凝縮されており、法人設立に尽力された方々、日夜利用者を支援している職員の方々の労苦を思うとき、改めて感謝の念を覚えるとともに歴史の重さを感じています。

　法人の設立者である前田好文氏は、大いなる慈善家であると同時にそれ以上に事業家であったと私は思っています。その遺志の基に現在の法人の事業があります。法人設立に関わられた方々から法人立ち上げ時の苦労話、いわゆる『生みの苦しみ』の話を数多く聞き、"水を飲むときは、井戸を掘った人のことを忘れてはならない（飲水思源）"との諺の真意を改めて深く感じています。

　この30年間で最大の出来事は、新型コロナ対応であると思います。その長期間にわたって見えない相手に対処された職員及び利用者の苦労は、計り知れません。本文中に散見される対処実績を読み、いまや第九波、第十波がちらほら言われており乗り越え切ったといえる状況ではないかも知れませんが、支援員の間では対処方法のノウハウをつかんでおられるように感じられます。

　法人の運営に区切りがあるわけではないのですが、人生で25〜30年を世代（ジェネレーション）と言われるように、「あすはの会」も次の世代への転換期なのかもしれません。確かにそれを感じる側面もいくつかあるように思います。これを機に"次の30年に向かうスタート"と捉えた気構えと覚悟が必要であると思っています。気張って空振りになってはいけません。とにかく願うべ

きは、利用者の健やかな日常生活であり、職員の方々の健勝です。そのうえで、
健全な法人があると考えています。

あすはの会　事業所案内図

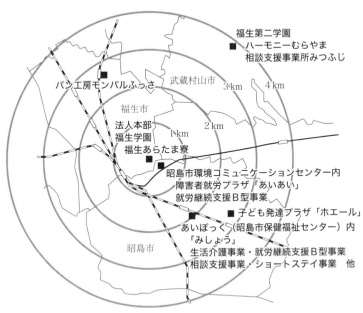

福生第二学園
■ ハーモニーむらやま
相談支援事業所みつふじ

武蔵村山市

3 km　　4 km

パン工房モンパルふっさ

福生市

法人本部
福生学園
福生あらたま寮　1 km　　2 km

昭島市環境コミュニケーションセンター内
障害者就労プラザ「あいあい」
就労継続支援B型事業

■ 子ども発達プラザ「ホエール」
あいぽっく（昭島市保健福祉センター）内
「みしょう」
生活介護事業・就労継続支援B型事業
相談支援事業・ショートステイ事業　他

昭島市

希望へのあゆみ
　　―あすはの会の30年―

2024年3月31日　初版発行　　　　　編者　社会福祉法人 あすはの会【編】

　　　　　　　　　　　　　　　　　　発行者　　　鈴木　康一

発行所　㈱　文化書房博文社

〒112-0015　東京都文京区目白台1-9-9

http://user.net-web.ne.jp/bunka

電話　03(3947)2034　　FAX　03(3947)4976

振替　00180-9-86955

乱丁・落丁本はお取替えいたします。
　　ISBN　978-4-8301-1338-3　C0036　　印刷・製本　昭和情報プロセス㈱